农民工创业教育：
系统解构、支撑体系与绩效评价

郑小强　王雨林　著

NONGMINGONG
CHUANGYE JIAOYU:
XITONG JIEGOU、
ZHICHENG TIXI YU
JIXIAO PINGJIA

四川大学出版社
SICHUAN UNIVERSITY PRESS

项目策划：梁　平
责任编辑：梁　平
责任校对：傅　奕
封面设计：璞信文化
责任印制：王　炜

图书在版编目（CIP）数据

农民工创业教育：系统解构、支撑体系与绩效评价 / 郑小强，王雨林著. — 成都：四川大学出版社，2021.9
ISBN 978-7-5690-4727-1

Ⅰ．①农… Ⅱ．①郑… ②王… Ⅲ．①民工—创业—研究—中国 Ⅳ．① F249.214 ② D669.2

中国版本图书馆CIP数据核字（2021）第099091号

书　名	农民工创业教育：系统解构、支撑体系与绩效评价
著　者	郑小强　王雨林
出　版	四川大学出版社
地　址	成都市一环路南一段24号（610065）
发　行	四川大学出版社
书　号	ISBN 978-7-5690-4727-1
印前制作	四川胜翔数码印务设计有限公司
印　刷	成都市新都华兴印务有限公司
成品尺寸	170mm×240mm
印　张	11.75
字　数	233千字
版　次	2021年9月第1版
印　次	2021年9月第1次印刷
定　价	58.00元

版权所有 ◆ 侵权必究

◆ 读者邮购本书，请与本社发行科联系。
　电话：（028）85408408/（028）85401670/
　（028）86408023　邮政编码：610065
◆ 本社图书如有印装质量问题，请寄回出版社调换。
◆ 网址：http://press.scu.edu.cn

四川大学出版社
微信公众号

前　言

我国是一个农业大国，农村人口约占总人口的 50.32%，近年来农民工总量维持在 2.7 亿~2.9 亿的规模，是一个庞大的劳动力群体。2015 年 6 月，国务院总理李克强主持召开国务院常务会议，签批并由国务院印发了《关于大力推进大众创业万众创新若干政策措施的意见》，落实了推动大众创业、万众创新的系统性、普惠性政策文件，使创业主体由"小众"变为"大众"，开启了"大众创业、万众创新"的时代。在此背景下，越来越多的农民工开始自主创业。对农民工创业教育系统进行分析，建立农民工创业教育支撑体系，对于提升其创业能力和创业素养，引导其扎根家乡以"创业带动就业"，激发农村地区的产业活力具有重要的现实意义。

本书遵循"提出问题—分析问题—解决问题"的基本逻辑，以"问题提出—研究准备—现状分析—作用影响—系统解构—国际比较—支撑体系—绩效评价—系统优化"为主线，运用文献研究法梳理国内外相关文献及相关理论，对核心概念进行界定和比较，提出研究问题，梳理理论基础；通过调查研究分析农民工创业及创业教育的现状、特征，归纳我国农民工创业教育过程中存在的问题；通过实证研究分析农民工创业教育绩效的影响因素，探究农民工创业教育参与方式对创业能力的影响；收集近年来我国创业教育相关政策，基于多源流理论框架，运用内容分析法，对我国农民工创业教育政策进行分析，发现我国农民工创业教育具有政策价值双重性、政策目标多样性、政策执行权变性等特征；通过扎根理论研究，对农民工创业教育主体、目标、内容、环境及组织方式进行分析，对农民工创业教育系统进行解构，并运用系统动力学对农民工创业教育系统进行动力学仿真；通过比较分析美国、日本、德国和以色列四国创业教育支撑体系，为我国农民工创业教育支撑体系的建立提供借鉴和参考；在分析农民工创业教育绩效评价的层次结构的基础上，通过实证研究分别对农民工创业教育的效率、创业教育支撑体系、创业教育质量进行评价；基于 WSR 分析框架，通过归纳推理提出农民工创业教育系统优化策略。

目　录

第一章　概　论 …………………………………………………………（ 1 ）
　第一节　研究背景及意义 ……………………………………………（ 1 ）
　第二节　国内外研究现状 ……………………………………………（ 4 ）
　第三节　研究思路与研究方法 ………………………………………（ 8 ）

第二章　理论基础 ………………………………………………………（ 12 ）
　第一节　核心概念 ……………………………………………………（ 12 ）
　第二节　理论基础 ……………………………………………………（ 18 ）

第三章　农民工创业及创业教育实证研究 ……………………………（ 23 ）
　第一节　农民工创业及创业教育调查研究 …………………………（ 23 ）
　第二节　农民工创业教育绩效影响因素研究 ………………………（ 45 ）
　第三节　农民工创业教育对创业能力的影响研究 …………………（ 52 ）

第四章　农民工创业教育政策研究 ……………………………………（ 64 ）
　第一节　多源流视角下农民工创业教育政策议程 …………………（ 64 ）
　第二节　农民工创业教育政策内容分析 ……………………………（ 70 ）

第五章　农民工创业教育系统解构 ……………………………………（ 86 ）
　第一节　农民工创业教育系统分析 …………………………………（ 86 ）
　第二节　农民工创业教育系统动力学分析 …………………………（103）

第六章　创业教育体系国际比较与经验借鉴 …………………………（111）
　第一节　国际创业教育发展概述 ……………………………………（111）
　第二节　发达国家创业教育体系 ……………………………………（116）
　第三节　创业教育体系的国际比较及启示 …………………………（125）

第七章　农民工创业教育支撑体系……………………………………（129）
第一节　农民工创业教育支撑体系概述………………………………（129）
第二节　农民工创业教育支撑体系分析………………………………（132）

第八章　农民工创业教育绩效评价……………………………………（141）
第一节　农民工创业教育绩效评价概述………………………………（141）
第二节　基于 DEA 模型的农民工创业教育效率评价 ………………（143）
第三节　基于 AHP 模型的农民工创业教育支撑体系评价 …………（146）
第四节　基于 DPSIR 模型的农民工创业教育质量评价 ……………（151）

第九章　基于 WSR 框架的农民工创业教育系统优化策略 …………（157）
第一节　物理层面的创业教育系统优化………………………………（157）
第二节　事理层面的创业教育系统优化………………………………（159）
第三节　人理层面的创业教育系统优化………………………………（160）

参考文献……………………………………………………………………（163）

附　　录……………………………………………………………………（171）
附件 1　农民工创业调查问卷（创业人员）…………………………（171）
附件 2　农民工创业调查问卷（务工人员）…………………………（175）
附件 3　农民工创业教育访谈提纲……………………………………（179）

第一章 概 论

本章主要阐述课题的理论依据，通过文献研究梳理国内外研究现状，设计课题研究思路及逻辑框架。

第一节 研究背景及意义

一、研究背景

（一）教育现代化与全民终身学习体系的建立

教育是实现充分就业和消除贫困的关键。2015年5月21日，世界教育论坛在韩国仁川举办，论坛围绕"通过教育改变人生"的主题展开讨论，提出了《教育2030行动框架》，为"教育2030"实施提供行动指南，明确提出：到2030年，全面增加拥有相关技能的人员数量，该技能包括为就业、获得体面工作及创业的职业技术技能。大会一致通过的《仁川宣言》汇集了《教育2030行动框架》的核心要素，包括全球教育共同体对"教育2030"所做出的承诺和2030年可持续发展议程，明确将教育视为发展的主要驱动力。该宣言提出了新的教育愿景，即"确保全纳、公平、有质量的教育，增进全民终身学习机会"，其中"全纳"和"终身学习"为目标关键，意味着普通大众也有了"活到老学到老"的机会。所以，在此背景下，所有不同社会文化背景的中青年都有了更多的接受技术和职业教育、高等教育、成人教育的机会。

我国积极响应"教育2030"，构建全民终身学习体系，以加快实现教育现代化。2018年9月10日，党中央召开全国教育大会，习近平总书记在大会上发表重要讲话，系统解答了关系教育现代化的重大理论和实践问题，对加快教育现代化、建设教育强国、办好人民满意的教育作出了全面部署，向全党全国全社会发出了加快教育现代化的动员令，为新时代教育提供了根本遵循。

李克强总理在讲话中强调,要准确把握教育事业发展面临的新形势新任务,全面落实教育优先发展战略,以教育现代化支撑国家现代化。2019年2月,中共中央、国务院印发了《中国教育现代化2035》。该文件是我国第一个以教育现代化为主题的中长期战略规划,是新时代推进教育现代化、建设教育强国的纲领性文件,明确提出建成服务全民终身学习的现代教育体系。全民终身学习主要分为两个方面:一是它涵盖了每个人从婴儿到老年各个不同发展阶段所受到的各级各类教育;二是其包含了一个人从家庭、学校、社会各个不同领域学到的知识技术,将家庭教育、学校教育和社会教育三者有机融合。"全民"包含了幼儿、中小学生、大学生以及社会人士,其中,社会人士大多通过成人教育来提升自身的文化素质水平,改善生产生活技能。农民工是我国实现现代化过程中的一个重要群体,"农民工进城"助推了我国城镇化和工业化,农民工教育特别是农民工创业教育是全民终身教育体系的重要组成部分,是实现我国教育现代化的重要途径。

（二）大众创业、万众创新战略的实施

改革开放以来,我国经历了三次"创业潮":一是党的十一届三中全会以后,以农村"家庭联产承包责任制"和城市"改善国有企业经营权"的对内改革,开启了我国改革开放的序幕,极大地改善了创业环境,出现了第一次创业浪潮;二是20世纪90年代的公务员"下海潮","体制内"的人员开始成为创业主体,"创业"不再是为了谋生而不得已为之的手段;三是2015年6月,国务院总理李克强主持召开国务院常务会议,签批并由国务院印发了《关于大力推进大众创业万众创新若干政策措施的意见》,落实了推动大众创业、万众创新的系统性、普惠性政策文件,使创业主体由"小众"变为"大众",开启了"大众创业、万众创新"的时代。

"大众创业、万众创新"是新时代谋求我国社会经济发展的重要战略,是调动千百万劳动者的积极性致力于创新活动、促进创新发展、解决就业难题的有力举措,是统筹推进五位一体总布局的实践保障。其具有三个特征:一是打破所有制的藩篱,贯彻以公有制为主体,多种所有制共同发展的要求,使创业渠道更广泛、创业条件更宽松、创业大军更宏伟;二是打破固守成规、不思开拓的局面,调动人民群众在各个领域实现创新发展的积极性,使发展注入创新活力;三是把创业和创新结合起来,以创新为创业提供动力,以创业为创新提供舞台。"双创"对创新创业主体、形式提出了新的要求,更加注重创新创业主体的多元化、形式的多样化以及社会条件下的民主化。创业主体不再局限于具有雄厚资本的企业家或者拥有一技之长的专业人士，而是转向普通大众。将"大众"培养成具有创新意识和较高创业素养的"小众"，必然要充分发挥教育的作用，使创业教育成为"大众创业、万众创新"的重要助推器。

（三）乡村人才振兴的现实需求

我国是一个农业大国，农村人口约占总人口的50.32%。近年来，我国农民工总量维持在2.7亿~2.9亿的规模，2017年全年农民工总量达28652万人，比上年增加481万人，增长1.7%。其中，本地农民工11467万人，增长2.0%；外出农民工1718万人，增长1.5%。为了使广大农民脱贫致富，拓宽增收渠道，党的十九大提出了"乡村振兴战略"。乡村振兴根本上是要解决农村地区"产业空心化"和"人才空心化"的问题。毫无疑问，产业发展需要强有力的人才支撑，特别是在对外来人才缺乏吸引力的情况下，仅通过市场手段使社会资本和劳动力回流，进而实现"乡村人才振兴"是不现实的。乡村人才振兴必须激发农村地区人力资源供给自身的"造血功能"，即从培养本土人才入手。乡村人才振兴不仅要"培养本地人才"，更要"留住本地人才"，即在本地农民工群体中培养人才，特别是提升其创业能力和创业素养，引导其扎根家乡，以"创业带动就业"，激发农村地区的产业活力。农民工创业将有力促进社会资本与人才向乡村流动，促进农村一二三产业的融合发展，助推"乡村振兴"的实现。

二、研究意义

（一）理论意义

本书梳理了农民工创业教育环境、主体、内容、目标、组织方式等五大要素，对农民工创业教育系统进行解构，分析了各要素之间的联系，运用系统动力学工具对农民工创业教育系统进行动力学仿真，探讨了资金投入、政策执行及校企合作对系统的影响，对于进一步完善我国成人教育体系具有一定的理论价值。建立了农民工创业教育支撑体系理论模型，并对人才、管理、资源、科技四个子系统进行分析，对进一步推动我国农民创业教育支撑体系理论研究具有一定的理论意义。从评价项目、评价内容、评价对象、评价主体四个维度，探讨了农民工创业教育绩效评价的层次结构，提出综合"农民工创业教育效率评价、农民工创业教育支撑体系评价、农民工创业教育质量评价"对农民创业教育绩效进行评价的观点，对进一步完善创业教育绩效评价理论具有一定的学术价值。

（二）实践意义

本书通过问卷调查收集资料，实证检验了农民工创业教育参与对创业能力的影响，坚定了通过农民工创业教育，提升农民工创业能力，进而提升农民工创业成功率的现实路径，对提升农民创业素养，提升其创业成功率具有一定的实践意义。本书分析了影响农民工接受创业教育的影响因素，针对农民工接受创业教育存在的问题及困境，基于WSR理论框架提出农民创业教育系统优化策略，对提升农民工创业教育水平具有一定的实践价值。

第二节 国内外研究现状

一、国外创业教育研究现状

创业教育（Enterprise Education）的明确提出可追溯到1947年迈尔斯·梅斯为哈佛商学院MBA学生开设的"新创企业管理"课程，该课程的开设被众多创业学研究者认为是西方大学创业教育的起点。20世纪60年代，巴布森商学院率先面向本科生开展创业教育。至20世纪90年代，英、法、日、韩等国先后意识到创业教育对于经济社会发展的重大战略意义，纷纷在高等教育甚至基础教育阶段，实施创业教育计划，以激发学生创业热情。经过70多年的发展，美国、英国等发达国家的高校已成为创业教育的主体，形成了创业教育课程、创业学位授予、创业学术期刊和常设创业研究中心为一体的教育体系。以美国为例，美国在1984年就成立了创业教育联盟，并在2004年出台了《创业教育国家内容标准》，提出了贯穿创业教育全过程的3大部分15类标准和若干表现性指标，并将创业教育列为美国终身教育的一部分，是美国未来保持和提升国家竞争力的关键。

西方发达国家丰富的创业教育实践，也使创业教育理论不断完善和发展，学者们提出了一些比较有代表性的创业教育理论，如Timmons（1999）提出的"创业教育支撑过程模型"、Politis（2005）提出的"创业者经验学习理论模型"等。

随着创业教育研究的不断深入，西方发达国家的创业实践逐渐从高科技型、技术型创业方向发展。国外学者开始关注创业教育过程，以及对创业教育的个性化研究，如 Cope（2001）、Donald（2005）、Pittaway and Cope（2007）、Dhliway（2008）等。Timmons（1999）认为，创业机会、资源与团队是创业过程的关键构成要素，创业过程是创业机会、资源和团队之间适当配置的高度动态平衡过程，并提出基于创业教育优化创业过程的方法。在国外的研究中，与"农民工创业"类似的概念是"低阶层者创业"。Cope（2001）通过在美国硅谷地区的调查研究，发现了低阶层创业者的创业教育模式，以及创业过程中教育培训对创业效果的影响。Donald（2005）认为相比较其他创业者，低阶层创业者对创业教育的依赖性更强，在人力资源、管理创新、运营模式等方面都受到创业教育的影响。Pittaway and Cope（2007）从美国社区大学功能出发，提出建立完善的社区创业教育模式，强调正式教育与成人教育相结合建立低阶层创业者创业教育体系的观点。

在创业教育绩效研究方面，早期的创业教育研究关注于教育与创业效果的影响，以创业效果评价创业教育的绩效。如 Manimala（1992）、Mcgrath（1996）和 Schwartz and Teach（2000）等人的研究。Manimala（1992）的研究表明，创业者的受教育程度会强化其对创业信息的认知与创业机会的识别，进而间接影响创业效果。Mcath（1996）发现缺乏社会支持的底层创业者更依赖于专业技能培训，更倾向于从内部获得人力资源，从而实现创业目标。Schwartz and Teach（2000）认为创业者的知识和经验丰富程度对创业成功率有直接影响。Politis（2005）认为创业经验、管理经验和特定行业经验是影响创业知识的三类主要经验，而在创业者具有一定经验进行创业的同时，正规的职业教育或培训将会使创业效果具有更显著的提升。可以说，国外关于教育对创业绩效的研究促进了创业教育和培训的发展。但是，创业教育作为一种重要的公共服务，特别是西方国家将创业教育纳入学校教育体系之后，以创业效果评价创业教育绩效就显得失之偏颇，随着新公共管理活动的兴起，开始借鉴企业绩效评价的工具和方法对创业教育绩效进行评价，这种方式在实践中也获得了成功。

二、国内创业教育研究现状

国内创业教育起步较晚，1989 年 11 月，联合国教科文组织在北京召开了"面向 21 世纪教育国际研讨会"。在此次研讨会上，"创业教育"这一概念在我国被首次提出，明确提出创业教育是为了培养具有开拓性的个体而开展的教育。1997 年，清华大学开设的"创新与创业方向"课程标志着我国创业教育事业的正式兴起。2002 年 4 月，教育部启动创业教育试点工作，先后在清华大学、北京航空航天大学等9所高校进行了创业教育试点，随后高等教育的教学及课程体系中逐渐融入大量创业及创新教育内容，我国创业教育飞速发展。2014年9月，国务院总理李克强在夏季达沃斯论坛上公开发出"大众创业、万众创新"的号召后，创业教育作为"双创"的重要支撑，再次成为社会各界关注的热点。

为了进一步梳理近年来特别是1997年以来创业教育在我国正式兴起以后我国创业教育研究的现状，作者检索了1999—2018年10年间CNKI数据库中有关创业教育的CSSCI来源期刊论文，共获得1223篇相关文献。基于以上文献，通过知识图谱（Mapping Knowledge Domain）分析，梳理我国创业教育研究现状及研究热点。知识图谱，也被称为科学知识图谱、知识域可视化或知识域映射地图。它用可视化技术描述知识资源及其载体，挖掘、分析、构建、绘制和显示知识及它们之间的相互联系。知识图谱是一种对特定专业领域的研究动态和发展趋势进行可视化文献计量分析的有效工具。

关键词是论文内容的浓缩与提炼，是作者学术思想与学术观点的高度概括与凝练，能够反映文献的核心内容。关键词的频次和中心性是衡量研究领域热点的关键指标，频次越高且中心性越高，该关键词就越能体现研究领域的热点。通过分析关键词的共现频次以及中心性，可了解目前创业教育领域的研究热点。通过可视化得到创业教育研究关键词共现图谱，见图1-1。

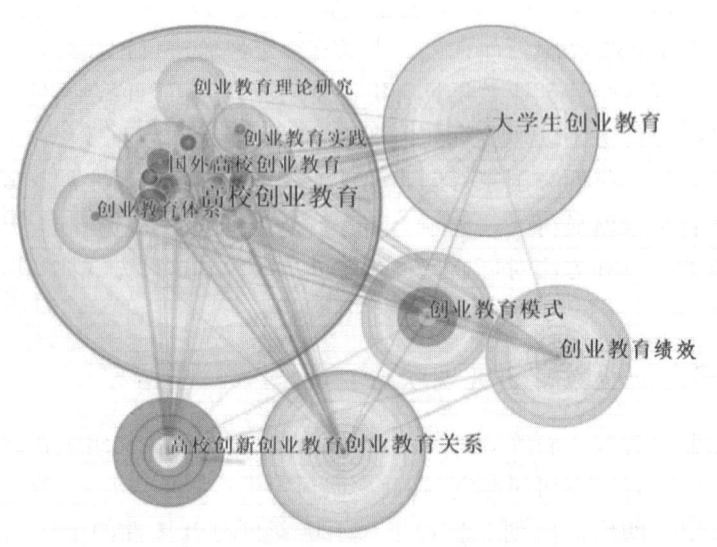

图1-1 创业教育关键词聚类图谱

图中节点的颜色代表发文的时间,颜色越深表示发文时间越早;年轮的厚度表示与该关键词有关的发文量,年轮直径越大代表发文量越多。由图1-1可见,高校创业教育、大学生创业教育、创业教育关系、创业教育目标、创业教育模式是最明显的节点,意味着在1999—2018年间,这些主题是创业教育研究领域被重点关注的热点。除此之外,高校创新创业教育、国外高校创业教育、创业教育体系、创业教育实践、创业教育理论研究等关键词的节点也较大,出现的频次较高。近十年来,我国学术界对创业教育研究的关注重点主要在国内外高校创业教育、创业教育关系、创业教育绩效及创业教育体系方面,如表1-1所示。

表1-1　创业教育研究中心性排前14位的关键词

关键词	中心性	频次	关键词	中心性	频次
高校创业教育	0.25	388	国外高校创业教育	0.11	111
创业教育关系	0.19	234	国外创业教育	0.12	35
创业教育实证研究	0.16	60	创业教育体系	0.10	104
创业教育实践	0.13	93	创业教育绩效	0.09	167
创业教育发展	0.12	35	创业教育生态系统	0.08	50

在创业教育支撑体系研究方面,直到21世纪初期,我国学界才开始进行创业教育支撑体系的相关研究。这些研究可以归纳为以下三个方面:一是我国创业支撑体系的建构及影响因素研究。如曹阳(2006)、汪三贵(2010)等人的研究表明,高等教育和就业培训对农民工的创业具有比基础教育更加显著的影响,并提出通过职业培训与正规高等教育相结合的途径,建立农民工创业教育支撑体系的观点。二是中外创业支撑体系的比较研究。如吴寿仁等(2002)、朱涵(2011)等人通过借鉴国外创业教育支撑体系的成功经验,提出我国创业教育支撑体系的建设思路。三是创业支撑体系的分类研究,如杨涛(2009)、张俊华(2010)、江汉(2012)、余文博(2014)、陈洪琪(2014)、丁艳峰(2013)等对大学生创业支撑体系的研究,徐辉(2008)、李恺(2004)等对农民工创业支撑体系研究。总的来说,学者们普遍认为创业政策、金融支持、教育支持和社会支持是创业支撑体系的重要构成要素,只是在创业支撑体系分类研究中,结合创业对象的特殊性,对创业要素的重要性次序进行了调整。

在创业教育绩效研究方面,国内创业教育绩效研究相对比较匮乏,在实践操作中更多以"教学水平评估"或"教学质量评估"来替代"教育绩效评价",

或者把"教育绩效评价"纳入"政府绩效评价"的范畴。现有的研究主要聚焦于对高校创业教育绩效的研究，从不同角度对高校创业教育绩效进行了理论探讨：一是高校创业教育绩效评价指标体系研究。如谢志远、刘巍伟（2010）对高校创业教育评价体系进行了定量研究，运用层次分析法构建以一套含5个二级指标和9个三级指标的创业教育质量通用评价体系；徐英、白华（2014）从政府、高校、社会、学生等创新创业教育生态培育体系的子系统出发，构建了创新创业教育生态培育体系的绩效评价指标体系；卓泽林等（2020）通过对全国596所高校的创新创业教育绩效及其影响因素进行分析，认为高校创新创业教育绩效主要受到创新创业的保障机制、组织领导、课程体系、教学管理和师资建设等因素的影响。在高校创业教育绩效评价指标体系研究中，通过文献研究直接建立指标体系或者通过回归分析确定指标体系的影响因素，是比较常见的分析范式。二是基于新公共管理的高校创业教育绩效评价。对企业绩效的评价有比较完善的理论系统和方法论，其中胜任力研究和平衡记分卡是比较成熟的理论工具和绩效评价方法，这些方法也被逐渐借用到高校创业教育绩效评价中。如黄扬杰（2020）运用胜任力模型，将高校创新创业教师胜任力分为创业技能型、传统学术型和创业态度型三个维度，评价了教师的创业教育绩效；苏海泉、王洋（2015）基于平衡记分卡建立了高校创业教育绩效评价体系。

从现有研究来看，国内外学者对农民工（低社会阶层者）创业系统内涵解读、对系统的解构还存在不足，对农民创业教育支撑体系的研究还没有形成一个固定的研究范式。从学科构成来看，大部分研究都是从教育学的视角展开的，把教育学和公共管理学相结合，特别是从基层公共治理的角度对农民工创业教育的研究还比较少。从研究方法来看，规范研究较多，实证研究不足。另外，现有的研究涉及的内容比较宽泛，但深度不足，特别是专门针对农民工创业教育方面的研究，往往缺乏足够的针对性，还没有体现农民工创业教育体系的特殊性。

第三节 研究思路与研究方法

一、研究思路

本书运用文献研究法梳理国内外相关文献及相关理论，对核心概念进行界定和比较，提出研究问题，梳理理论基础；通过调查研究分析农民工创业及创业教育的现状、特征，归纳我国农民工创业教育过程中存在的问题；通过实证研究分析农民工创业教育绩效的影响因素，探究农民工创业教育参与方式对创业能力的影响；收集近年来我国创业教育相关政策，基于多源流理论框架，运用内容分析法，对我国农民工创业教育政策进行分析，通过扎根理论研究，对农民工创业教育主体、目标、内容、环境及组织方式进行分析，对农民工创业教育系统进行解构，并运用系统动力学对农民工创业教育系统进行动力学仿真；通过比较分析对美国、日本、德国和以色列四国创业教育支撑体系进行比较，为我国农民工创业教育支撑体系的建立提供借鉴和参考；在分析农民工创业教育绩效评价的层次结构的基础上，通过实证研究分别对农民工创业教育的效率、创业教育支撑体系、创业教育质量进行评价；基于WSR分析框架，通过归纳推理提出农民工创业教育系统优化策略。研究思路及内容框架如图1-3所示。

二、研究方法

本研究涉及教育学、管理学和社会学相关理论，所以，研究方法也交叉了以上各学科比较典型的研究方法和理论工具。

（一）文献研究

文献研究法主要是指通过对文献的研究形成对事实科学认识的方法，是社会科学领域最为常见的研究方法。其通过收集、整理和分析相关文献资料，对农民工及创业教育相关概念进行梳理，对相关核心概念进行比较分析，归纳出创业教育系统建构及创业教育绩效评价的理论基础。

（二）调查研究

调查研究是一种描述现状和发现问题的有效方法。为了探究农民工创业及创业教育的行为特征，作者分别针对务工人员和创业农民工进行调查研究，对农民工创业意愿、农民创业教育意愿、农民工创业及创业教育行为特征进行分析。

（三）实证研究

通过调查研究收集第一手资料，通过文献研究建立农民工创业教育绩效影响因素量表，以及创业教育对农民工创业能力作用的基本假设，对农民工创业教育绩效影响因素进行分析，实证检验创业教育对农民工创业能力的作用机理。

图 1-3 研究思路

（四）扎根理论研究

在定性研究领域中，扎根理论被认为是最科学的方法，也被认为是社会科学五大传统研究方法中最适于进行理论建构的方法，是一种比较有效的获取资料及进行理论建构的方法。通过结构式访谈、非参与式观察和问卷调查才能获取系统性的、能解释问题本真规律的调查资料，运用扎根理论方法，对农民工创业教育系统进行解构，建构农民工创业教育系统框架。

（五）内容分析

收集近年来我国创业教育政策，运用内容分析法对其进行编码和词频统计，在政策目标、实现方式和保障措施三个维度的节点进行对比分析。

（六）比较研究

西方发达国家具有较为丰富的创业教育实践经验，通过对美国、日本、德国和以色列创业教育支撑体系的梳理，总结其创业教育的特色与经验，为我国农民工创业教育支撑体系的构建提供借鉴和启示。

第二章　理论基础

农民工是我国城乡二元体制的产物，随着我国城镇化的推进，以及乡村振兴背景下农村人才回引政策的实施，与农民工及农民工创业教育相关的概念不断涌现，需要对其进行分析。同时，本章将对创业教育系统及创业教育绩效评价相关理论进行梳理。

第一节　核心概念

一、农民工相关概念解析

（一）农民工

农民工是我国社会经济发展到一定阶段而产生的一个特殊的劳动力群体，兼有"农民"和"工人"两个群体的属性和特点。农民工虽长期在城镇工作，但其出生于农村，仍属于农村户口。农民工与传统意义上的农民有所区别，其从事的工作不再是单一的农业产业，而更多从事于其他非农产业工作。因此，农民工的"农民"主要是指农民工的户籍属性，"工"主要指的是他们所维持生活的工作不再属于传统农业，而非农行业。

在已有文献中，农民工往往也被称为"进城务工人员""城镇流动人员""进城农民工"。对于农民工的定义，有广义和狭义之分。从广义上看，农民工包括两类：一是留在当地乡镇但从事非农业生产的"离土不离乡"的农民工；二是离开自己户籍所在地，进入城镇从事第二、第三产业生产工作的"离土又离乡"的农民工。从狭义上看，农民工指异地流动进城务工的农业户口人群。而本书中所指的是狭义的农民工，即从农村走出去长期生活在城镇，并依靠第二、第三产业生产劳动来获得生活收入，且仍保持农业户口的劳动群体。

（二）新农人

"新农人"一词最先出现于媒体报道，而非学界。自2013年《南方周末》等颇具影响力的媒体对"新农人"开展专题跟踪报道后，学界也开启了"新农人"的提法，并对其进行界定。其中，张红宇（2016）等人对于新农人的定义更侧重于带动农民发展的新群体中，能够利用技术、现代管理以及生态理念从事"三农"发展的人或组织；杜志雄（2015）、郭燕平和谭莹（2016）等人更加倾向于将在农业全产业链上从事生态农业生产、农产品营销或为农业全产业链提供支持和服务的群体定义为"新农人"；汪向东（2014）更加侧重于新农人对于"三农"的创新，并将"新农人"定义为"'三农'三新"群体，即农民中的新群体、农业中的新业态、农村中的新细胞。陈亮（2014）对于"新农人"的定义更加注重农业服务的方式，因此，其将利用互联网用心做农业相关产业的生产者、流通者以及服务商都视为新农人。综合目前各大媒体以及学界对于"新农人"的报道及研究，对于该群体，普遍认同的一点是其具有全新的农业生产经营理念。在此基础上，对于新农人的界定主要分为三类：一是掌握相关技术并转向农村从事农业生产经营的组织者或企业家；二是受过高等教育的具有新农业思想的回归农村的大学生；三是具有创新精神，并利用现代科学管理技术进行农业生产经营活动的新群体。

新农人与传统农民有所不同，新农人所从事的农业也与传统的农业有所区别，可将其称为"新农业"。目前，对于新农业的研究分为两个层面：一是从狭义的角度看，新农业就是现代农业，特指利用一定的知识、资本、科学技术的高附加和高投入的精细劳作，并以此获得高附加值农产品的产业；二是从广义上看，新农业囊括了传统农业以及农产品相关的经营管理产业。本书所提及的新农人所从事的新农业均采用其广义概念，即新农人在农村所从事的传统农业、农产品加工业以及依托农业或农村开展的服务业。

（三）返乡青年

对于返乡青年，学界很少对其进行专门界定，泛指返回农村从事农业生产经营的新生代农民工。从字面上看，"返乡青年"必备两个特性：一是"返"，说明这一新群体本身就出自农村，在农村生活、学习，长大后离开乡村生活过一段时间，再返回投身于农村。二是"青年"。根据2013联合国卫生组织对于青年的划分，青年特指15~44岁的人。根据两个特性，可将返乡青年大致定义为在农村学习成长，离乡生活一段时间又返回乡镇的15~44岁的群体。

从地域上看,返乡青年经历了从农村到城市再返回农村的一个往返的转变,在一定程度上可以说是从欠发达地区到相对发达的地区再返回到欠发达地区,存在空间上的迁移过程;从学历上看,返乡青年虽然回归了乡村,但不同于传统的农民,他们普遍拥有较好的教育背景,能运用新科学技术、管理理念从事农业及相关产业的生产经营;从职业上看,返乡青年大多经历了从都市上班族到新农民的转变;返乡青年不同于在城市打拼受阻,迫于压力而回流的群体,他们更多的是自发、自愿地放弃城市体面工作和生活而回归乡村,有着助力农村发展的决心。

(四)农民工相关概念比较分析

农民工、新农人和返乡青年三者与农村、城市都有着紧密的联系,其中农民工是走出农村、进入城市,新农人和农民工正好相反,而返乡青年在新农人的基础上,多了前期从农村到城市的一个转变。农民工曾依赖农作生活,从事过传统形式的农业生产,而新农人与返乡青年是当前从事新农业生产经营活动的新群体。农民工实现了从农民到具有农民身份的工人的身份转变,而新农人和返乡青年经历的是从城市白领或其他职业到农民的转变。新农人和返乡青年并不同于传统意义上简易耕织的"农",而是新农,即利用高新技术和全新管理理念助力农村农业发展的"新农民"。

农民工、新农人、返乡青年概念比较见表2-1。

表2-1 农民工、新农人、返乡青年概念比较

对象	农民工	新农人	返乡青年
户籍	农村	不限	农村
年龄段	老中青年	老中青年	青年
学历	普遍较低	普遍较高	普遍较高
地域跨越	农村→城市	城市→农村	农村→城市→农村
从事行业	非农业	新农业	无限制
属性	职业属性	群体属性	群体属性

二、创业教育相关概念解析

(一)创业教育

1989年,联合国在"面向二十一世纪国际教育发展的趋势研讨会"上表

示"事业心和开拓技能"是继"学术资历"与"职业技能"之后的"第三本护照"。随后,学者彭钢在《创业教育学》一书中提到"Enterprise Education"这一概念时,特意加以注释:"'事业心和开拓技能教育',即英文'Enterprise Education',我们译为创业教育。"我国创业教育起步较晚,早期的创业教育主要在少部分高校进行了一些尝试与探索,也因此拉开了我国创业教育的帷幕。1999年1月,国务院批转教育部的《面向21世纪教育振兴行动计划》明确提出了创业教育和自主创业。

国内外学者对于创业教育的定义也是众说纷纭,大致有以下几类代表性的定义:一是创业教育是在普通文化教育和职业教育基础之上进行的教育活动,以开发和提高大学生创业基本素质为目标,旨在培养大学生创业理论知识、完善其创业能力、提升其创业心理品质等。二是创业教育是培养个人认知商业机会能力的过程,并培养其支撑创业行为所需的各种知识、技能与品质。三是创业教育是一种教育模式,教育和提升每一个对商业创造和中小企业发展有兴趣的人。创业教育有广义和狭义之分:广义的创业教育是为个人教育培养开创性的精神,由于用人单位或者个人除了要求受雇者能够在事业上有所成就之外,还越来越重视受雇者的创新精神、冒险精神、创业的能力、独立工作的能力,以及在技术、社交和管理层面的技能,它为创业者灵活、持续终身的学习打下基础。狭义的创业教育主要是指针对青少年或大学生创新创业能力提升的教育,为提升学生综合能力,培养学生树立正确创业意识,丰富创业理论知识,完善学生创业能力,以课程和社会实践活动为开展形式的一种教育活动,主要包括创业意识、综合能力、基础知识及心理素质。

(二)职业教育

我国"职业教育"一词最早出现在1904年山西农林学堂总办姚文栋的公文中:"论教育原理,与国民最有关系者,一为普通教育,一为职业教育,二者相成而不相背。……本学堂兼授农林两专门,即以职业教育为主义。"在我国职业教育发展史上,职业教育的称谓经历了从百工教育、实业教育、职业教育、技术教育和职业技术教育到职业教育的演变。1994年以后,我国将这一类型的教育改称为"职业教育"。

国内学者一般认为职业教育是指让受教育者获得某种职业或生产劳动所需要的职业知识、技能和职业道德的教育。职业教育的目的是培养应用型人才和具有一定文化水平和专业知识技能的社会主义劳动者和建设者,与普通教育和成人教育相比较,职业教育侧重于实践技能和实际工作能力的培养。职业教育可分为初等职业教育、中等职业教育和高等职业教育三个层次，办学类型有政府办学、企业办学和社会办学三种形式。职业教育也有广义和狭义之分：广义的职业教育是指一切能培养人们某种职业知识和技能，端正人们职业态度，使人们能顺利从事某种职业的教育活动；狭义的职业教育是指在普通教育的基础上，通过职业技术学校、技工学校、职业高中、职业培训机构等对劳动者从事某种活动所需的职业知识、职业技能、职业态度等进行培训。职业教育包含技术教育与职业培训，两者在职业教育的发展过程中不可或缺。

（三）创业培训

创业培训是指对具有创办中小企业意向的人员和中小企业经营管理者进行企业创办能力、市场经营素质等方面的培训，并对他们在企业开办、经营过程中给予一定的政策指导。中国就业培训技术指导中心于2019年发布的《创业培训标准（试行）》明确对创业培训进行了界定："创业培训是面向具有创业意愿的劳动者或中小微型企业的经营管理者进行的激发创业意识、培养创新精神、普及创业知识、提升创业能力的培训活动和指导服务。"创业培训的对象可以是下岗失业人员，也可以是大中专院校毕业生以及农村准备向非农产业转移的人员或返乡创业人员。创业培训的目的就是通过提高人们创业知识与技能，增强他们创业基本素质，以减少创业风险。

（四）社会教育

社会教育、学校教育和家庭教育是教育的三大组成部分。"社会教育"一词首次出现在德国。1835年，德国社会教育学家狄斯特威格在《德国教师陶冶的引路者》一书中首次提出"社会教育"一词，随后由日本传入我国。在我国官方文件中，社会教育一词最早出现在1912年。蔡元培出任教育部部长后成立社会教育司，我国社会教育逐渐发展起来。

广义的社会教育泛指一切增进人们的知识、技能、身体健康以及形成或改变人们思想意识的活动；狭义的社会教育则指学校教育和家庭教育之外的一切社会文化机构以及有关的社会团体或组织对社会成员所进行的教育，是一种全民教育和终身教育，是学校教育和家庭教育的延续和补充。与近代社会教育概念相似的还有"通俗教育""平民教育""民众教育"等。其表述不同，但含义相近，尤其是"民众教育"一词在民国后期频繁使用，含义几乎等同于"社会教育"。社会教育是伴随人的一生，影响最持久的教育，教育内容综合性强、涉及面广，包括政治、经济、文化知识、技能等一切能影响、激励人们成长的要素。

（五）创业教育相关概念比较分析

创业教育、职业教育、创业培训及社会教育之间，既有区别又有联系（见表2-2）。从实施主体上看，创业教育、创业培训的实施主体都是公私立学校和社会文化教育机构，职业教育的实施主体是职业技术学校、技工学校、职业高中（职业中学）；由于社会教育是指学校教育和家庭教育之外的一切社会文化机构以及有关的社会团体或组织对社会成员所进行的教育，所以社会教育的实施主体为社会文化教育机构，无论它的创办者是政府、团体还是个人，只要是对社会成员实施了影响的组织或个人，就是社会教育的实施者。

表2-2 创业教育相关概念比较

维度	创业教育	职业教育	创业培训	社会教育
实施主体	公私立学校和社会文化教育机构	职业技术学校、技工学校、职业高中（职业中学）	公私立学校和社会文化教育机构	社会文化教育机构
实施客体	在校学生及社会创业群体	需获得专业技能的所有成员	具有创业意愿的人员或中小微型企业的经营管理者	社会全体成员
目的	培养具有创业基本素质和开创型个性的人才	培养应用型人才及拥有专业知识技能人才	培养、提高"创业者"各类素质，增强其能力	促进公民身心发展
导向	培养创业人才	促进青年人就业	实现就业倍增效应	加强社会保障
教学内容	创业相关知识与技能	服务于职业的技术知识	创业相关知识与技能	政治、经济、文化、生活、伦理等
辐射范围	学校教育、创业培训	职业学校教育、职业培训	与创业相关的培训	除学校教育和家庭教育外的所有教育

从实施客体上看，四种教育活动的实施客体各不相同：创业教育实施客体为在校学生及社会创业群体，注重"创业"；职业教育实施客体为需获得专业技能的所有成员，注重"专业技能"；创业培训实施客体可以是下岗失业人员，也可以是院校毕业生，还可以是农村准备向非农产业转移的人员，只要有创业意愿和一定的创业能力，都可以申请参加开办企业的培训；而社会教育的实施客体为社会全体成员，并不针对其中的某个特殊群体。

从目的上看，四种教育活动的目的也各不相同：创业教育的目的是培养具有创业基本素质和开创型个性的人才；职业教育的目的是培养应用型人才及拥有专业知识技能的人才；创业培训的目的是培养、提高"创业者"各类素质，增强其能力；而社会教育的目的是促进公民身心发展。

从导向上看，导向与上述目的有所区别，"目的"主要从实施客体的角度去描述几种教育活动对受教育者应达成的目标，而"导向"主要从宏观的角度对这几种教育活动实施之后在社会中的影响加以描述。创业教育、职业教育、创业培训及社会教育的导向分别为培养创业人才、促进青年人就业、实现就业倍增效应和加强社会保障。

从教学内容上看，四种教育活动所侧重的知识与技能有所差别，创业教育所传授的是与创业相关的内容，如创业相关知识、企业家精神与道德等；职业教育所传授的教学内容是服务于职业的技术知识，更具有专业性，与所想要创立的企业性质密切相关；创业培训与创业教育相同，教学内容是创业相关知识与技能，但是较创业教育而言，创业培训更加聚焦于某个方面，内容划分更加明确；社会教育的教学内容则更多是政治、经济、文化、生活、伦理等，包括了社会生活的一切具有教育意义的活动。

在辐射范围上，这四种教育活动有所区别。创业教育在高校主要培养学生树立正确创业意识，丰富创业理论知识，完善学生创业能力；另外对于社会各界对创业有兴趣的人来说，他们可以通过校外社会组织等来完善创业综合能力。对于职业教育，其辐射范围包括职业教育培训和社会中进行的职业培训等。而创业教育辐射范围就比较广，与创业有关的所有培训中都有创业培训的存在。社会教育、学校教育和家庭教育是教育的三大组成部分，因此，社会教育存在于除学校教育和家庭教育之外的所有教育当中。

第二节 理论基础

一、创业教育系统理论

（一）复杂自适应系统理论

1994年，霍兰教授提出复杂适应系统理论（Complex Adaptive System，CAS），该理论的提出，使得各领域的复杂系统在被人们研究时，有了可以参照的标准和分析思路。根据 Leydesdorff（2000）的观点，在分析创新系统的两重关系时，创新轨迹的稳定性会得到增强，但在三重关系下，就形成了更加复杂的系统。系统产生复杂性的原因有很多方面，但 CAS 所强调的"适应性"是其中最为重要的因素。所以，"适应性"也就成为复杂适应系统理论的核心概念，即一个复杂适应系统中必然存在具有适应能力的、主动的个体，也就是适应性主体。这里的"适应"有两层含义：一是指主体的适应能力，即主体能够根据行为的效果修改自己的行为规则，以便更好地在客观环境中生存；二是指主体与环境的交互作用，即每一个主体内部、主体与另一主体及主体与周围环境间会进行主动的持续不断的交互作用。正如美国的罗伯特·麦克斯费教授所描述的那样：复杂适应系统是由许多异质的智能体组成的开放系统，这些智能体在相互之间以及和环境之间以一种非线性的方式发生作用。这种微观主体的相互作用生成了宏观的复杂性现象，也是系统演化的动力之源。

复杂适应系统和其他系统相比较，具有四个独特性质：自组织、自适应、共同演化和迅速均衡。所有这种特性都是通过涌现的方式表现出来的，或者说，对每个智能体的彻底了解是无法完全推知整个系统的具体细节和进展的。复杂适应系统理论对于农民工创业教育系统的指导意义在于，该理论关于"适应性"的描述能有效解释创业教育中的交互学习过程。教育主体在与环境和其他主体间的相互作用中，不断改变自身行为规则，适应环境和其他主体协调发展，这与 CAS 所强调的"主体适应能力和'主体—环境—主体'的交互学习过程"不谋而合。所以，创业教育系统具有自适应特征，是一个典型的复杂适应系统。

（二）嵌入理论

"嵌入"原意是指一个系统有机地结合在一个对象体系中，也是指某一事物内生于其他事物的客观现象。"嵌入性"最早由社会学家卡尔·波兰尼（1957）提出，他认为"经济体系嵌入于经济与非经济的建制之中"，即"经济的社会嵌入观"。随后，社会学家迈克·格兰诺维特进一步拓展了该理论，认为嵌入存在于社会经济发展的各个时期和经济组织的各个层面，在各个经济单元中，社会关系都是规则或不规则地进入其中的，并或多或少地发挥作用。"嵌入"是一个难题，难在现有利益与改变利益的博弈、固有利益与新增利益的博弈、单个利益与群体利益的博弈。创业活动是一种经济活动，所以，创业活动嵌入社会关系中。创业活动中的嵌入性主要指创业活动这种经济行为嵌入社会的非经济行动或关系中，核心目标在于将资源与机遇进行匹配。创业活动的关系嵌入性就是创业活动的各个环节都在一定程度上受到社会关系的影响,创业活动意味着经历一个经济或社会组织从无到有的全过程,这种关系嵌入性难以把握,有可能成为制约农民工创业成功的关键。

创业活动要素嵌入将决定创业教育支撑体系的基本构成。创业活动是一种经济活动,关于创业构成要素学术界进行了大量研究。Gartner(1985)认为任何新企业的创建都将是创业者、创业组织、创业环境和创业过程四个要素相互作用的结果。Wickham(1998)认为创业活动由创业者、机会、资源和组织四个要素构成,创业者处于创业活动的中心地位,承担着确认创业机会、管理创业资源、领导创业组织和实施创业活动的职能。Timmons(1999)认为创业始于创业机会的发现,随后建立创业团队获取创业资源。他把创业机会、创业资源和创业团队看作创业过程的重要驱动因素,创业活动就是三大要素不断平衡的过程。Sahlman(1999)认为创业是人、机会、环境和创业者的交易行为相互协调的过程,强调外部环境的重要性,指出人、机会和交易行为受到所处环境的影响并反过来影响环境。创业活动是一个复杂的动态过程,不仅多维度的创业要素都参与到这一过程中来,而且创业要素的互动机制在不同环境下呈现出完全不同的特征。从现有研究来看,创业构成要素可以归纳为人的方面(主体)、物的方面(资源)、环境方面(创业环境)。在农民工创业中,环境方面的构成要素更多表现为创业环境的结果——创业机会,如同一个经济活动,在这个环境下是创业机会,而在其他环境下却不是创业机会。所以,农民工创业基本沿袭这样的内在逻辑,即"谁—在何种因素的作用下—利用了什么资源"开展了创业活动,创业主体、创业机会和创业资源是农民工创业的基本构成要素。

二、创业教育绩效评价理论

(一)计划行为理论

根据社会心理学的研究,可以将创建企业视为一种有意识的计划行为。阿杰恩和菲什拜因(1980)建立了一个理论模型,用于解释有意识计划行为背后的认知过程,即理性行为理论(TRA)。该理论假设人都是理性的,人们在做出各种行为之前会综合考虑各种信息。在之后的研究中,研究证实当个体不能或不能完全控制自己的行为时,意向并不是唯一的决定性因素,因此在理性行为理论的基础上,增加了感知行为控制这一变量,即计划行为理论(TPB)。该理论是从信息加工角度,以期望价值理论为出发点解释个体行为一般决策过程的理论。阿杰恩（2002）认为个体从事计划行为的动机主要是受以下三种心理因素的影响：一是感知合意性，指个体对一种行为或积极或消极的评价程度。二是感知社会规范，指个体所处群体是否会接受或者排斥特定的行为表现。三是感知行为控制，指个体感知实践该行为是否困难。这种感知受到行为实施的内部与外部因素影响。它们通过行为意愿的中介作用决定行为的产生，行为的发生经历了两个阶段：第一个阶段是动机阶段，在这个阶段形成了整体行为意向，受到感知合意性、感知社会规范、感知行为控制的影响；第二个阶段是执行阶段，这个阶段个体通过制定具体行为计划来执行。在农民工创业教育研究中，该理论可以用于研究创业教育如何影响农民工意向，即该理论关注的是农民工意向的变化，并非创业行为本身。

（二）人力资本理论

现代人力资本理论的大发展始于20世纪60年代，其早期代表人物有西奥多·舒尔茨、加里·贝克尔等著名经济学家。舒尔茨在长期研究农业经济的过程中发现促使美国农业产量不断增长的原因已不仅仅是生产要素的增加，而是人的技能和知识的提高。舒尔茨给出了人力资本的经典定义：人力资本是体现在人身上的一种资本类型，指附着于劳动者身上的体力、健康、资历、经验、知识、技能等能够带来经济价值的能力。人力资本的核心在于劳动者质量，人力资本投资即提升劳动者质量，以最终促进经济增长。不过，舒尔茨的人力资本理论偏向于宏观层面，缺乏微观基础，对人力资本投资的研究还不够深入。贝克尔则弥补了人力资本理论缺乏微观基础的空白，推动了人力资本理论的发展。其根据理性人假设，从微观层面探讨了人力资本的形成，研究了教育和职业培训的收入与支出，提出了年龄–收入曲线。对于人力资本投资，贝克尔在其著作《人力资本》中给出了经典定义：所有的用于增加人的资源并影响其未来货币收入和消费的投资即为人力资本投资。其指出对人力资本的投资是多方面的，主要有教育支出、保健支出、劳动力国内流动的支出或用于移民入境的支出等。贝克尔对大学教育的回报率进行了开创性的实证分析，探讨了人力资本与家族兴衰这一命题，将经济学的分析方法应用于家庭生育和婚姻关系中，开启了经济学"帝国主义"。

基于能力的新人力资本理论由James J. Heckman提出。该理论是一个综合了经济学、生物学、心理学等学科的综合的跨学科研究成果。新人力资本理论认为在人力资本的三个维度即能力、教育和健康中，能力是核心要素。教育和健康被视为个体基于自身能力和外部环境进行选择的结果。同时，教育和健康水平也会对后期的能力形成产生影响。新人力资本理论扩展了能力这一概念，其在能力的研究上有四个主要特征。一是"能力"的再界定。虽然传统人力资本理论也认识到了能力在人力资本中的核心作用，然而受限于早期对能力变量的测量困难，其便将教育作为能力的代理变量。随着测量技术的提高，能力能够被更加有效地度量，进而纠正对于人力资本测度的偏差。二是多维能力。早期的能力多指向认知能力，对非认知能力的关注较少，其原因之一也是源于测量技术的限制。心理学的发展为非认知能力的有效测度提供了方法，使得经济学家研究非认知能力成为可能。三是能力形成的多时期理论。该理论认为个体在某个时期对某种能力更为"敏感"，即在这一时期习得这一能力的成本更低，比如孩童时期对语言的学习更为有利。四是环境与基因对能力的交互作用，即能力的形成和发挥受到先天遗传和后天环境的双重影响。

（三）自我效能理论

1977年，社会学习理论创始者班杜拉从社会学习的角度出发，提出了自我效能理论，该理论用来解释在特殊情境下动机产生的原因。对于自我效能概念的内涵，国内外学者都做出了相关界定，总体上，学者们的界定与班杜拉自我效能理论内涵一致，即个人对自己能否在一定水平上完成某一活动所具有的能力判断、信念或主体自我把握与感受。

自我效能主要通过调节和控制行为，并通过行为调控来影响结果。已有研究成果在自我效能对个体行为产生的影响方面进行了诸多讨论，通过对文献进行梳理，主要可以归纳为以下几个方面：①自我效能影响个体对于行为的选择；②自我效能影响人们的努力程度和持续时间；③自我效能影响人们的思维方式和归因方式；④自我效能影响人们对于困难的态度。1989年，Scherer在进行与创业绩效有关的研究中，首次使用了"创业自我效能"一词，其是自我效能理论与创业活动相结合进行研究的产物。与自我效能概念一样，创业自我效能并不是简单地指个体拥有的与创业有关的知识储备和创业能力，也不是指个体所具备的相关性格特征，而是指在创业领域内，对创业知识及信息进行整体把握之后，对自身创业能力的评估和判断以及对自己创业行为的信心和信念。在个体进行创业行为时，较高的创业自我效能能对创业结果产生积极正向的作用，创业自我效能感作为人的主观感受，会随着周围环境以及个人经历的变化而发生变化。

第三章 农民工创业及创业教育实证研究

农民工是一个特殊的劳动力群体,其创业及创业教育参与具有一定的特殊性。为了探究农民工创业及创业教育的行为特征,本书分别针对务工人员和创业农民工进行问卷调查。通过调查研究收集资料,对农民工创业教育绩效影响因素进行分析,并对创业教育对农民工创业能力的作用进行实证检验。

第一节 农民工创业及创业教育调查研究

一、调查研究准备

通过文献研究,初步设计调查问卷,在对问卷进行试调查并修改后正式实施。问卷调查的主要采用分层随机抽样调查、实地调查、电话调查和网络调查相结合。

按照人口统计学的划分标准,我国规定男子16~60周岁、女子16~55周岁的这部分人口为劳动年龄人口。根据实际情况将调查对象确定为满足劳动人口年龄的全国农民工,即本研究的总体。年龄为16~60周岁的农民工在全国的覆盖范围较广,考虑到地区分布的差异,为了使调研的主要样本来源在东中西部各有分布,我们选取了家乡在黑龙江省、河北省、山东省、福建省、广西壮族自治区、青海省、甘肃省、四川省、陕西省、湖南省、河南省共计11个省、自治区的农民工参与本次调研。此外,本次调研也有部分其他省市自治区的农民工参与。

采用分层随机抽样和等比例抽样相结合的方式,计划抽取样本6000个进行调查。根据问卷回收状况,最后选出有效问卷5130份进行数据分析。拟定的样本分布情况如下:

根据实际情况,调研的对象分为两大类:一是正在创业的农民工,样本数量为2250个;二是务工状态的农民工,样本数量为2880个;同时,处于务工状态的农民工有两类：一是有创业打算的，样本数量为1250个，二是没有创业打算的，样本数量为1630个。

具体到各省来看，黑龙江省抽取创业样本165个，务工样本170个，共计335个。河北省抽取创业样本85个，务工样本130个，共计215个。山东省抽取创业样本255个，务工样本200个，共计455个。福建省抽取创业样本175个，务工样本280个，共计455个。广西壮族自治区抽取创业样本135个，务工样本180个，共计315个。青海省抽取创业样本145个，务工样本200个，共计345个。甘肃省抽取创业样本195个，务工样本280个，共计475个。四川省抽取创业样本625个，务工样本700个，共计1325个。陕西省抽取创业样本85个，务工样本160个，共计245个。湖南省抽取创业样本195个，务工样本260个，共计455个。河南省抽取创业样本115个，务工样本200个，共计315个。

另有小部分其他省市自治区的农民工参与此次调研，分别来自宁夏回族自治区、天津市、辽宁省、山西省、湖北省、广东省、北京市、新疆维吾尔自治区、重庆市。样本共计195个。

调查问卷如附录附件1、附件2所示。

（二）数据收集与样本构成

1. 务工人员调查

通过问卷调查，对调查数据中的务工状态的农民工进行描述性统计，发现务工状态农民工在务工期间的基本特征。务工人员基本情况如表3-1所示。

表3-1 务工人员基本情况（$N=2880$）

基础资料		样本数	占比（%）
性别	男	1883	65.38
	女	997	34.62
年龄	20岁及以下	387	13.44
	21~30岁	580	20.14
	31~40岁	651	22.60
	41~50岁	977	33.92
	51岁及以上	285	9.90

续表

基础资料		样本数	占比（%）
受教育程度	小学及以下	774	26.88
	初中	875	30.38
	技校（职高）	437	15.17
	高中	285	9.90
	大专	163	5.66
	本科及以上	346	12.01
务工年限	2年以下	610	21.18
	2～5年	900	31.25
	6～10年	860	29.86
	10年以上	510	17.71
年收入	2万元以下	795	27.6
	2万～5万元	870	30.2
	6万～8万元	870	30.2
	9万～12万元	256	8.9
	12万元以上	89	3.1
创业倾向	有	1242	43.12
	没有	1638	56.88

在务工人员性别构成中，女性为997名，占样本总数的34.62%；男性为1883名，占样本总数的65.38%。此次调查主要对象为18～60岁的务工农民工。20岁及以下年龄段的务工农民工占样本总数的13.44%，21～30岁年龄段的务工农民工占样本总数的20.14%，31～40岁年龄段的务工农民工占样本总数的22.60%，41～50岁年龄段的务工农民工占样本总数的33.92%，51岁及以上岁年龄段的务工农民工占样本总数的9.90%。教育背景状况可能成为影响务工农民工创业教育意愿接受程度的因素，所以，调查样本的教育背景状况是很有必要的。此次调查中，教育背景为小学及以下的务工农民工占样本总数的26.88%，初中的务工农民工占样本总数的30.38%，技校（职高）的务工农民工占样本总数的15.17%，高中的务工农民工占样本总数的9.90%，大专的务工农民工占样本总数的5.66%，本科及以上的务工农民工占样本总

的12.01%。务工时间状况也可能成为影响务工农民工创业教育意愿接受程度的因素之一，故对农民工务工时间状况进行了调查。此次调查中，务工时间为2年以下的务工农民工占样本总数的21.18%，2～5年的务工农民工占样本总数的31.25%，6～10年的务工农民工占样本总数的29.86%，10年以上的务工农民工占样本总数的17.71%。从务工期间年收入看，农民工务工期间年收入大都少于8万元，且年收入5万元以下占比较高。务工期间年收入在2万元以下的农民工占样本总数的27.6%，年收入在2万～5万元的返乡农民工占样本总数的30.2%，年收入在6万～8万元的农民工占样本总数的30.2%，年收入在9万～12万元的农民工占样本总数的8.9%，年收入在12万元以上的农民工占样本总数的3.1%。从务工地区看，超过一半的返乡农民工务工期间都选择在东部地区务工。务工期间在东部地区工作的返乡农民工占样本总数的54.22%，在中部工作的农民工占样本总数的17.33%，在西部工作的农民工占样本总数的28.44%。"是否有创业打算"在很大程度上影响务工农民工创业教育意愿接受程度，有创业打算的务工农民工占43.12%。

务工期间从事的行业状况可能成为影响务工农民工创业教育意愿接受程度的因素，故对调查样本在务工期间从事的行业状况进行了调查，如图3-1所示。

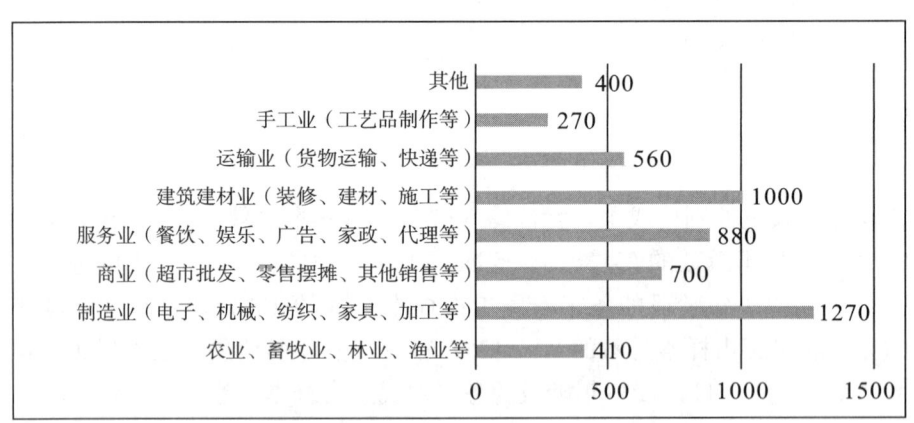

图3-1 务工人员务工期间从事的行业

务工期间掌握的技能状况可能成为影响务工农民工创业教育意愿接受程度的因素，农民工根据自己掌握的技能决定自己的创业意愿和创业方向，如图3-2所示。

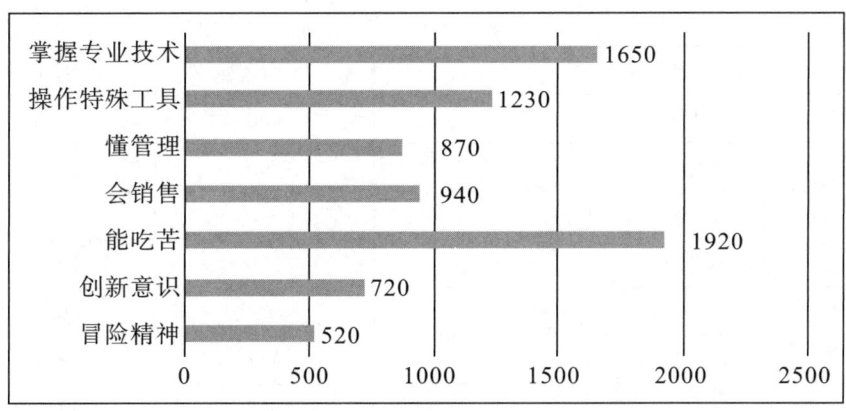

图 3-2 务工人员务工期间掌握的技能

2. 创业人员调查

通过对调查数据中的创业状态的农民工进行描述性统计,发现创业状态农民工的基本特征,描述创业状态农民工的基本现状。创业人员基本情况如表3-2所示。

表 3-2 创业人员基本情况（$N=2250$）

基础资料		样本数	占比（%）
性别	男	1970	87.56
	女	280	12.44
年龄	20岁及以下	196	8.71
	21~30岁	630	28.00
	31~40岁	815	36.22
	41~50岁	537	23.87
	51岁及以上	72	3.20
受教育程度	小学及以下	269	11.96
	初中	691	30.71
	技校（职高）	382	16.98
	高中	351	15.60
	大专	165	7.33
	本科及以上	392	17.42

续表

基础资料		样本数	占比（%）
务工年限	2年以下	480	21.33
	2~5年	900	40.00
	6~10年	580	25.78
	10年以上	290	12.89
企业净利率	0%~10%	1262	56.09
	11%~20%	421	18.71
	21%~30%	336	14.93
	31%~40%	105	4.67
	41%~50%	42	1.87
	50%以上	84	3.73

在创业人员性别构成中，女性为280名，占样本总数的12.44%；男性为1970名，占样本总数的87.56%。在样本的年龄构成中，20岁及以下年龄段的创业农民工占样本总数的8.71%，21~30岁年龄段的创业农民工占样本总数的28%，31~40岁年龄段的创业农民工占样本总数的36.22%，41~50岁年龄段的创业农民工占样本总数的23.87%，50岁以上岁年龄段的创业农民工占样本总数的3.2%。教育背景为小学及以下的创业农民工占样本总数的11.96%，初中的创业农民工占样本总数的30.71%，技校（职高）的创业农民工占样本总数的16.98%，高中的创业农民工占样本总数的15.60%，大专的创业农民工占样本总数的7.33%，本科及以上的创业农民工占样本总数的17.42%。

务工期间从事的行业状况可能成为影响创业农民工创业教育意愿接受程度的因素，所以，对调查样本的务工期间从事的行业状况进行了调查，样本具体情况如图3-3所示。可见，创业农民工在务工期间从事制造业、建筑建材业、服务业和商业的偏多。

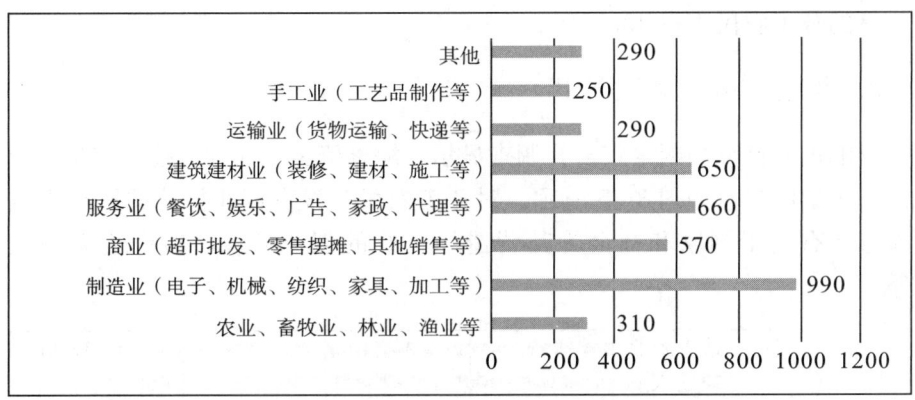

图3—3 创业人员务工期间从事的行业

务工期间掌握的技能状况很可能成为影响创业农民工创业教育意愿接受程度的因素，农民工根据自己掌握的技能决定自己的创业知识学习方向，决定自己的教育培训方向选择，样本具体情况如图3—4所示。调查显示，大多数的创业农民工在务工期间都积累了一定的管理经验，掌握了专业技能。

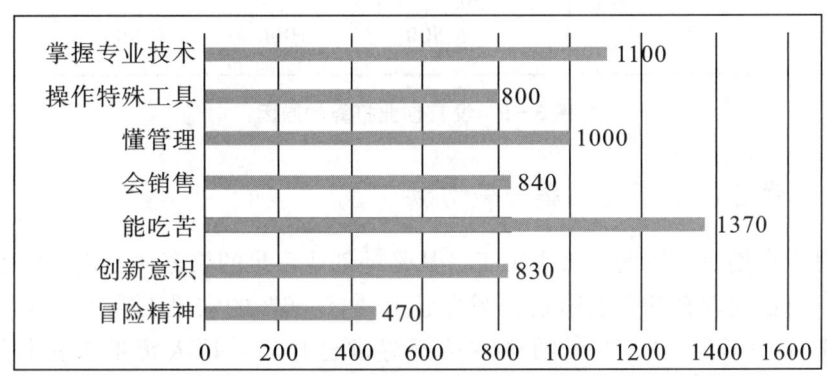

图3—4 创业人员务工期间掌握的技能

二、农民工创业现状分析

（一）务工人员创业现状分析

1. 是否有创业打算

"是否有创业打算"在很大程度上影响务工农民工创业教育意愿接受程度，有创业打算的务工农民工更倾向接受创业教育。对务工农民工的调查得出有创业打算的务工农民工占 43.12%。

2. 没有创业打算的原因

影响创业打算的因素较多，调查显示，缺乏资金、人脉、技术和难以承担风险占主导因素，如图 3—5 所示。对务工农民工没有创业打算的影响因素进行调查，有利于国家和社会为其营造一个好的创业环境，出台适应的优惠政策。

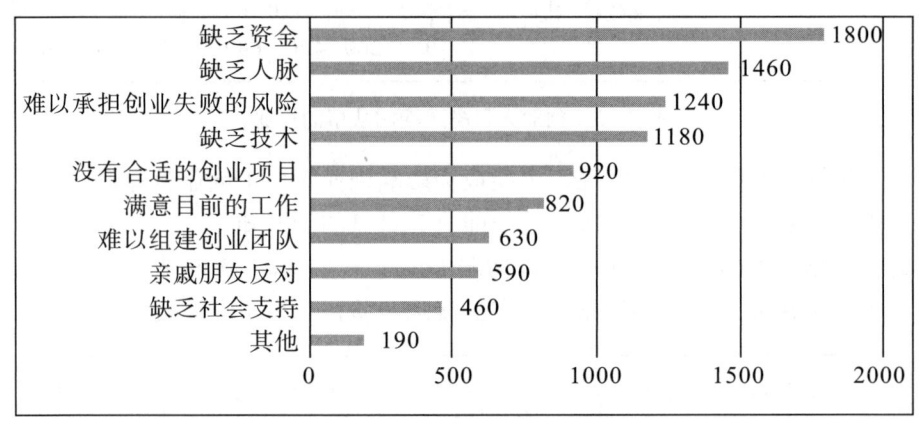

图 3—5　没有创业打算的原因

3. 弥补创业不足的渠道或方法

对于有创业打算的务工农民工，其弥补创业不足的渠道和方法选择也是影响其参与创业教育的影响因素。调查显示，47.56% 的农民工选择自我学习与摸索来弥补不足；26.22% 的样本选择寻求合作者，请人帮忙来弥补不足；18.29% 的农民工选择参加教育培训来弥补不足；7.93% 的农民工选择向能者请教来弥补不足。

4. 希望提升的技能、能力

对有创业打算的务工农民工来说，希望自己在哪些方面的技能、能力得到提升是影响其参与创业教育的重要因素影响因素，也是创业教育机构应该关注的重点。调查显示，农民工对技术水平、市场拓展能力和领导管理能力的学习需求比较明显，如图 3—6 所示。

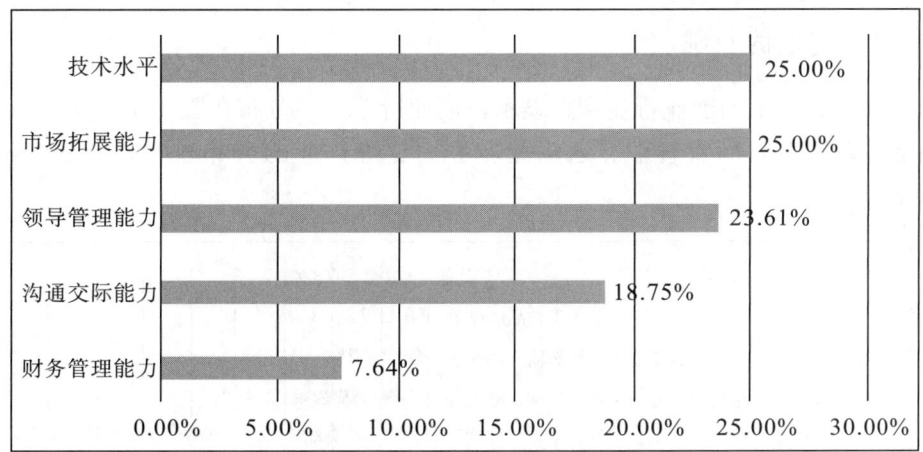

图 3-6　希望提升的技能、能力

（二）创业人员创业情况分析

1. 进行创业的主要动机

创业动机决定创业行为，对创业农民工进行创业的主要动机调查有利于深入了解创业农民工的需求。调查显示，农民工创业农民工的主要创业动机是物质追求、就业压力、实现自身价值，其次是兴趣爱好、国家政策驱动、合作者邀请与其他，如图 3-7 所示。

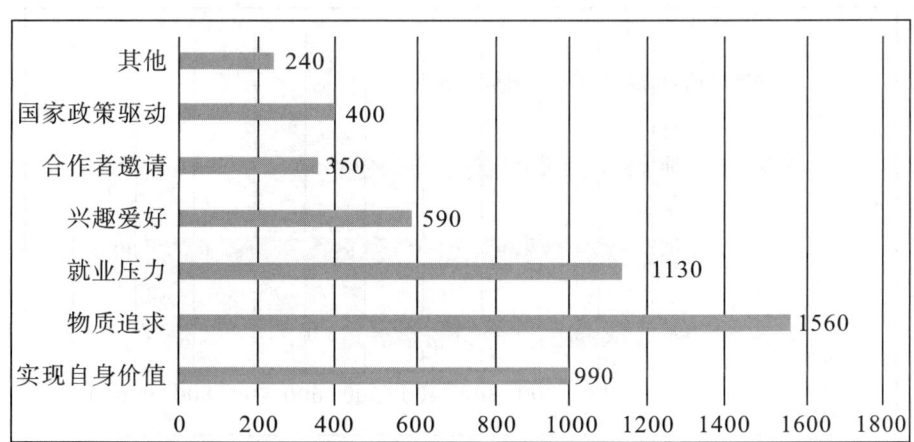

图 3-7　创业的主要动机

2. 创业的行业

创业农民工的创业行业调查显示，创业行业集中分布在服务业、商业、制造业、建筑业，而农林业、运输业、手工业等行业的分布较少，如图 3-8 所示。

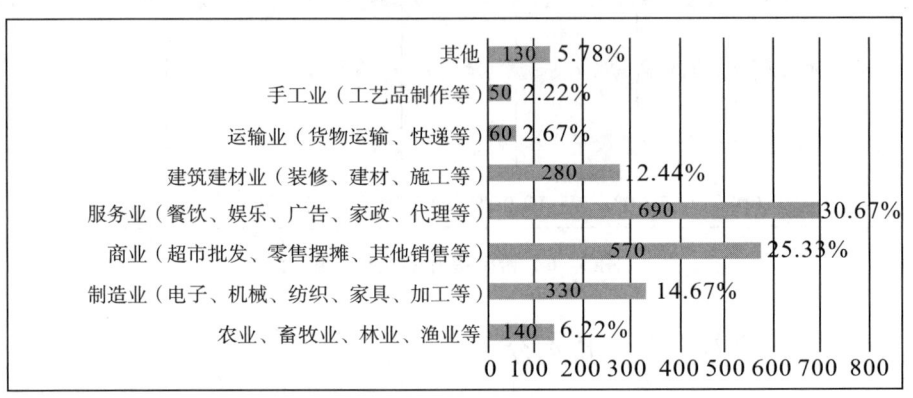

图 3-8　创业的行业

3. 弥补创业不足的渠道或方法

更多的农民工选择寻求合作者、请人帮忙的方式作为弥补创业不足的渠道和方法，其次是参加教育培训、自我学习摸索、向能者请教，如图 3-9 所示。

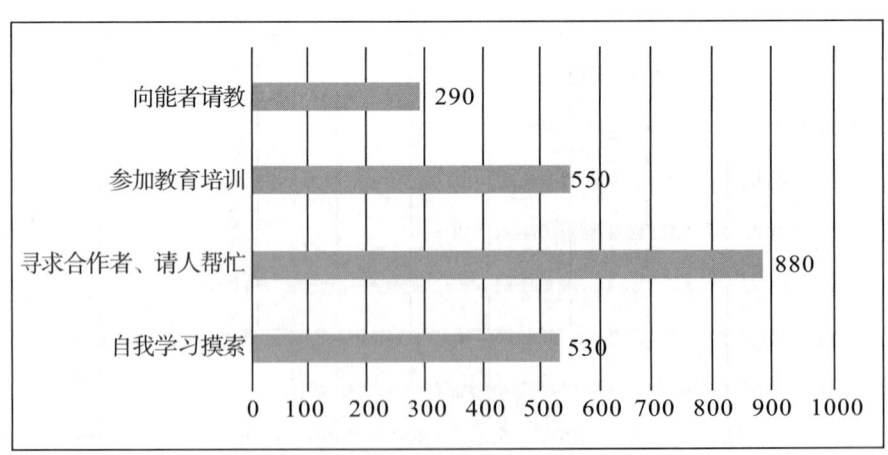

图 3-9　弥补创业不足的渠道或方法

4. 希望提升的技能、能力

对创业农民工来说，希望自己在哪些方面的技能、能力得到提升是影响其参与创业教育的重要因素影响因素，也是创业教育机构应该关注的重点。调查显示，创业人员对市场拓展能力和领导管理能力的学习需求明显，如图 3-10 所示。

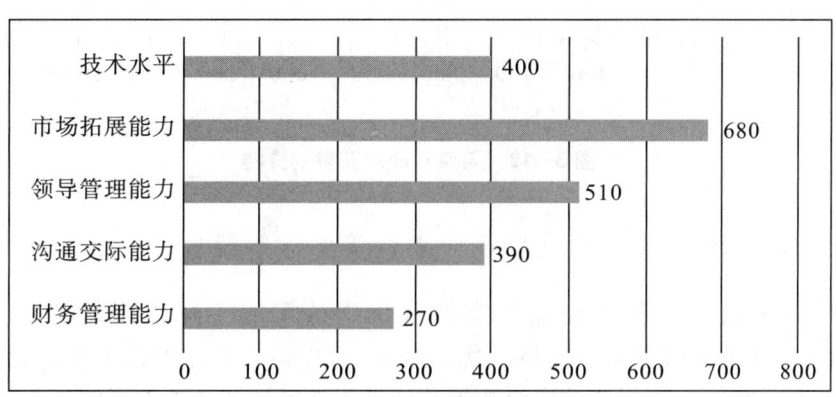

图 3-10 希望提升的技能、能力

5. 创业过程中遇到的主要困难及希望从政府获得的支持

在对创业农民工创业过程中遇到的主要困难调查中，了解到大部分创业农民工在创业过程中都存在资金问题，其次是缺管理和人手等。同时在对创业农民工希望从政府获得的支持调查中了解到，大部分创业农民工希望得到资金支持，这与其遇到的困难调查相符，见图 3-11 和图 3-12。

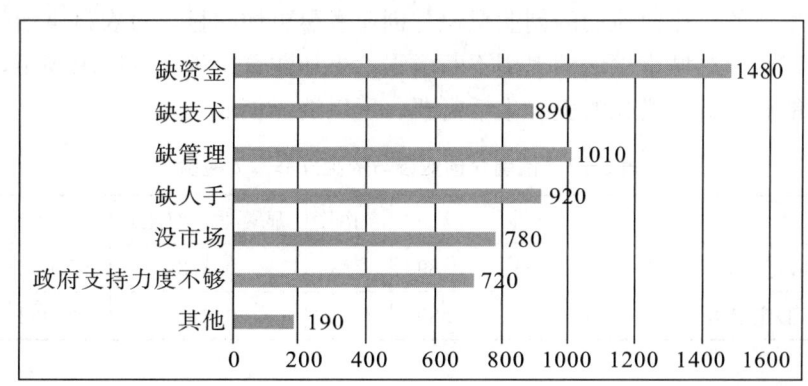

图 3-11 创业过程中遇到的主要困难

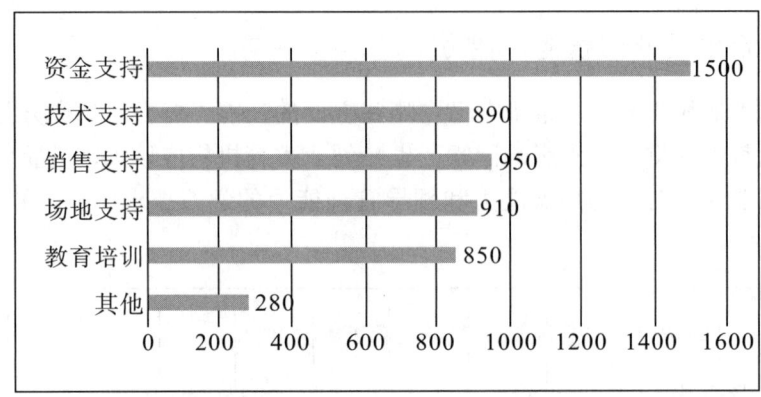

图 3-12 希望从政府获得的支持

6. 对农民工创业的支持及优惠政策的了解程度

对创业农民工关于创业的支持及优惠政策的了解程度的调查显示，34.40%的样本了解创业的支持及优惠政策，31.65%的样本说不准，22.94%的样本不了解创业的支持及优惠政策，处于非常了解和非常不了解状态的样本较少。

（三）农民工创业参与差异性检验

1. 性别对创业参与的差异性检验

如表 3-3 所示，性别对创业参与的影响并不显著。可能的解释是，不论男女，新生代农民工的社交活动更加多元，信息获取来源更加丰富，城市生活与农村生活的对比使他们的创业意识与创业意愿更加明显，对农村生活的认同感逐步减弱，对城市生活的渴望不断增强，更加注重精神上的需求满足，在外务工不能满足日益增长的美好生活需要，所以选择创业。

表 3-3 性别对创业参与的独立样本 t 检验

		F	显著性	t	自由度	显著性（双尾）	$M \pm SD$
性别	假定等方差	3.456	0.064	−0.895	223	0.372	−0.062+0.069
	不假定等方差			−0.899	165.04	0.370	−0.062+0.069

2. 年龄对创业参与的差异性检验

如表 3-4 所示，年龄对农民工的创业参与具有显著影响。其中规律性的结论主要是随着年龄的增加，农民工创业参与度呈现由弱变强又逐渐变弱的趋势。20～30 岁的农民工创业参与度在缓慢地增长，31～40 岁的农民工创业参与度仍在持续增长但增速放缓，41～50 的农民工创业参与度呈快速上涨的趋势，50 岁以后的农民工创业参与度开始下滑。随着年龄的增长和创业资本的累积，创业参与会提升，但到了一定年龄阶段后（拐点为30～55岁不等），其风险偏好减弱，创业参与会随之下降。

表 3-4 基于年龄的创业参与单因素方差分析

年龄	个案数	平均值	标准差	标准误差	95%的置信区间		最小值	最大值
					下限	上限		
20 岁以下	380	1.24	0.431	0.070	1.10	1.38	1	2
21～30 岁	370	1.43	0.502	0.083	1.26	1.60	1	2
31～40 岁	440	1.50	0.506	0.076	1.35	1.65	1	2
41～50 岁	820	1.78	0.416	0.046	1.69	1.87	1	2
50 岁以上	240	1.63	0.495	0.101	1.42	1.83	1	2
总计	2250	1.56	0.497	0.033	1.49	1.63	1	2
$F=10.401 \quad sig=0.000$								

3. 学历对创业参与的差异性检验

如表 3-5 所示，学历对农民工的创业参与具有显著影响，随着学历的增加创业参与反而呈现一种下降的趋势。小学及以下学历的农民工创业参与最为显著，从小学学历到技校（职高）学历的农民工创业参与在持续下降，从技校（职高）学历到高中学历呈现出缓慢增长的趋势，从高中学历到大专和本科学历又呈现出先下降再上升的趋势。可能的解释是，样本中学历较低的农民工在外务工多年，有一定的经济基础，对社会环境的认知度较高；而学历较高的农民工刚融入社会生活，没有一定的社会资本，所以创业意识不强、创业参与不强。

表 3-5 基于学历的创业参与单因素方差分析

学历	个案数	平均值	标准差	标准误差	95%的置信区间		最小值	最大值
					下限	上限		
小学	660	1.88	0.329	0.040	1.80	1.96	1	2
初中	580	1.64	0.485	0.064	1.51	1.77	1	2
技校（职高）	310	1.35	0.486	0.087	1.18	1.53	1	2
高中	210	1.43	0.507	0.111	1.20	1.66	1	2
大专	130	1.08	0.277	0.077	0.91	1.24	1	2
本科及以上	360	1.28	0.454	0.076	1.12	1.43	1	2
总计	2250	1.56	0.497	0.033	1.49	1.63	1	2
$F=15.699 \quad sig=0.000$								

4. 务工年限对创业参与的差异性检验

如表 3-6 所示，在外务工年限对农民工的创业参与具有显著影响。随着务工年限的增加，创业参与度基本呈现直线上升的趋势，在外务工 6~10 年时创业参与度达到峰值，在外务工 10 年之后创业的参与度开始缓慢下降。在外务工时间较短的农民工步入社会不久，受自我价值的实现或家乡情结等因素的影响更倾向创业；但在外务工时间越长的返乡农民工，在工作地已经得到了自我价值的实现，如利用自身所掌握的技能变成"骨干"或"能工巧匠"而获得了满足感等，从而不愿意改变或转变职业身份，导致创业参与度不高。

表 3-6 基于务工年限的创业参与单因素方差分析

务工年限	个案数	平均值	标准差	标准误差	95%的置信区间		最小值	最大值
					下限	上限		
2 年以下	580	1.34	0.479	0.063	1.22	1.47	1	2
2~5 年	600	1.52	0.504	0.065	1.39	1.65	1	2
6~10 年	650	1.74	0.443	0.055	1.63	1.85	1	2
10 年以上	420	1.64	0.485	0.075	1.49	1.79	1	2
总计	2250	1.56	0.497	0.033	1.49	1.63	1	2
$F=7.554 \quad sig=0.000$								

5. 务工期间年收入对创业参与的差异性检验

如表3-7所示，务工期间年收入对农民工的创业参与具有显著影响。在年收入2万~5万元和6万~8万元时具有显著的创业参与度，在年收入达到9万元以后创业参与度开始下降。当务工期间年收入在2万元以下时不足以支持创业所需要的资金；当务工期间年收入达到一定程度以后有了一定的经济基础和社会资源足以支持其进行创业活动；当收入达到12万元以上时，他们对现有的生活状态比较满意，没有进行创业的必要。

表3-7 基于务工期间年收入的创业参与单因素方差分析

年收入	个案数	平均值	标准差	标准误差	95%的置信区间		最小值	最大值
					下限	上限		
2万元以下	620	1.44	0.500	0.063	1.31	1.56	1	2
2万~5万元	680	1.65	0.481	0.058	1.53	1.76	1	2
6万~8万元	680	1.66	0.477	0.058	1.55	1.78	1	2
9万~12万元	200	1.40	0.503	0.112	1.16	1.64	1	2
12万元以上	70	1.29	0.488	0.184	0.83	1.74	1	2
总计	2250	1.56	0.497	0.033	1.49	1.63	1	2
$F=3.391 \quad sig=0.010$								

6. 务工行业对创业参与的差异性检验

如表3-8所示，务工行业对农民工的创业参与不具有显著影响。对从事农业的农民工而言，他们认为创业的风险较高、成本较大而且得到收益的过程较慢；对从事制造业的农民工而言，他们在外务工多年有自己的技术或者已经有了一定的建树；对从事服务业的农民工而言，创业中出现的创业机会对创业成功或者失败有很大的影响，在没有确保自己创业成功时，其不会主动选择创业。

表3-8 基于务工行业的创业参与单因素方差分析

行业	个案数	平均值	标准差	标准误差	95%的置信区间		最小值	最大值
					下限	上限		
农业	350	1.51	0.507	0.086	1.34	1.69	1	2

续表

行业	个案数	平均值	标准差	标准误差	95%的置信区间		最小值	最大值
					下限	上限		
制造业	1110	1.59	0.495	0.047	1.49	1.68	1	2
服务业	790	1.54	0.501	0.056	1.43	1.66	1	2
总计	2250	1.56	0.497	0.033	1.49	1.63	1	2
$F=0.332 \quad sig=0.718$								

7. 务工地区对创业参与的差异性检验

如表3-9所示,务工地区对农民工的创业参与不具有显著影响。可能的原因是,本次抽样的样本绝大部分来自东部、中部和西部较发达地区,对欠发达地区样本抽样较少。

表3-9 基于务工地区的创业参与单因素方差分析

地区	个案数	平均值	标准差	标准误差	95%的置信区间		最小值	最大值
					下限	上限		
东部	1220	1.57	0.497	0.045	1.48	1.66	1	2
中部	390	1.62	0.493	0.079	1.46	1.78	1	2
西部	640	1.50	0.504	0.063	1.37	1.63	1	2
总计	2250	1.56	0.497	0.033	1.49	1.63	1	2
$F=0.752 \quad sig=0.473$								

三、农民工创业教育现状分析

(一)务工人员创业教育现状分析

1. 有创业打算的农民工的创业教育意愿

在有创业打算的农民工中,对于是否愿意参与创业教育培训的调查显示大部分的样本表示愿意参与,41.80%的样本处于中间状态,仅5.74%的样本表示不愿意参与。不愿意参与创业教育培训的原因中,没有时间参加培训、培训费用太高所占比例较大,如图3-13所示。

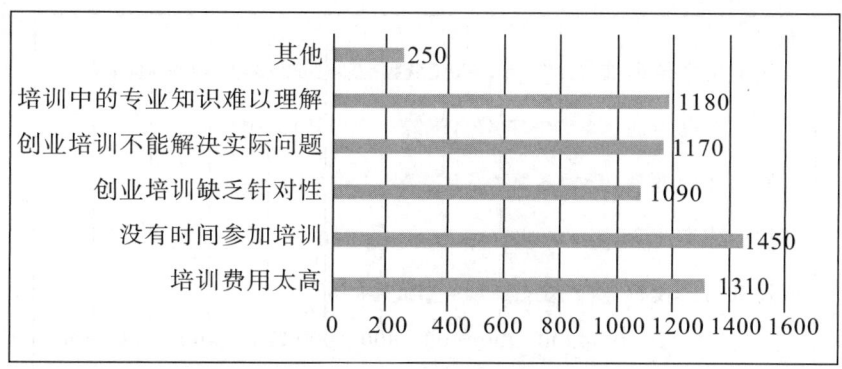

图 3-13　不愿意参与创业教育培训的原因

2. 有创业打算的农民工希望接受创业教育的内容

对于有创业打算的农民工进行希望接受的创业教育内容的调查，结果显示，样本对市场营销、生产管理和专业技能的学习愿望更大，如图 3-14 所示。

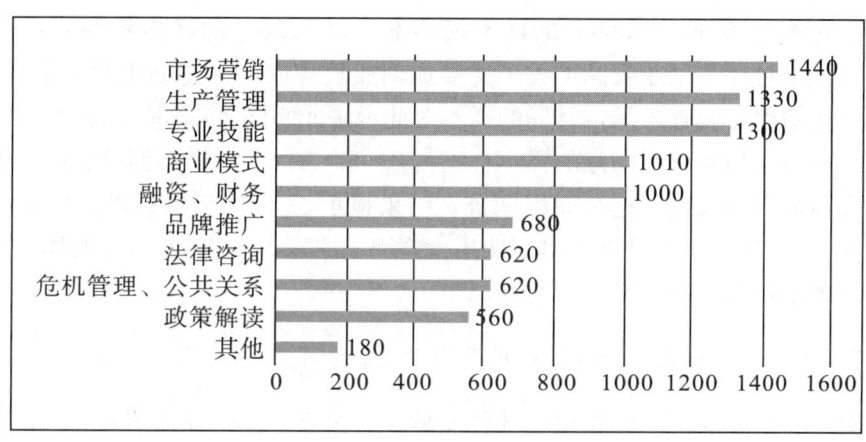

图 3-14　希望接受创业教育内容

3. 有创业打算的农民工希望接受创业教育的形式

对于愿意接受创业教育的农民工进行愿意接受的创业教育培训形式调查，结果显示，更多的农民工愿意接受短期集中培训，如图 3-15 所示。

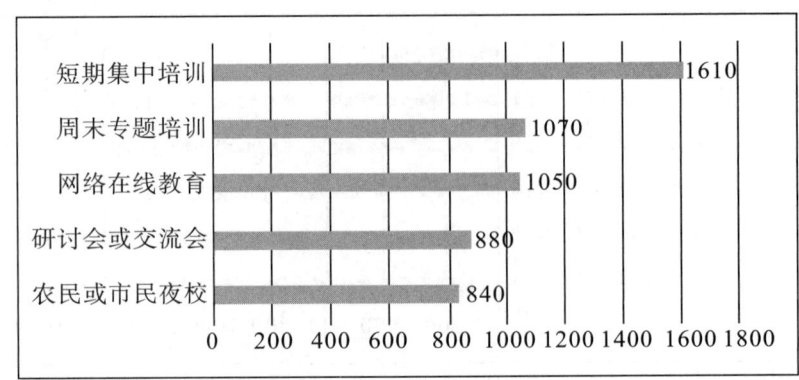

图 3-15 愿意接受创业教育培训形式

（二）创业人员创业教育现状分析

1. 创业人员参与创业教育培训的意愿与认知

对样本创业农民工关于参与创业教育培训的意愿的调查显示，56.88%的样本愿意参与培训，34.86%的样本说不准，仅 8.26%的样本不愿意参与培训。同时，对样本创业农民工关于"参加创业教育或培训有助于我创业成功"的说法认知程度调查显示，28%的样本对此说法非常同意，25%的样本同意此说法，不同意和非常不同意的样本分别占 7%和 13%。对样本创业农民工中不愿意参与培训的农民工进行原因调查，结果显示，25.06%的样本是因为没时间参与，19.96%样本是因为培训费用太高而不愿意参与，19.51%的样本是因为培训缺乏针对性而不愿意参与。

2. 创业农民工希望接受创业教育的内容

对样本创业农民工希望接受的创业教育的内容进行调查，结果显示，大多数样本创业农民工希望接受市场营销知识学习，如图 3-16 所示。

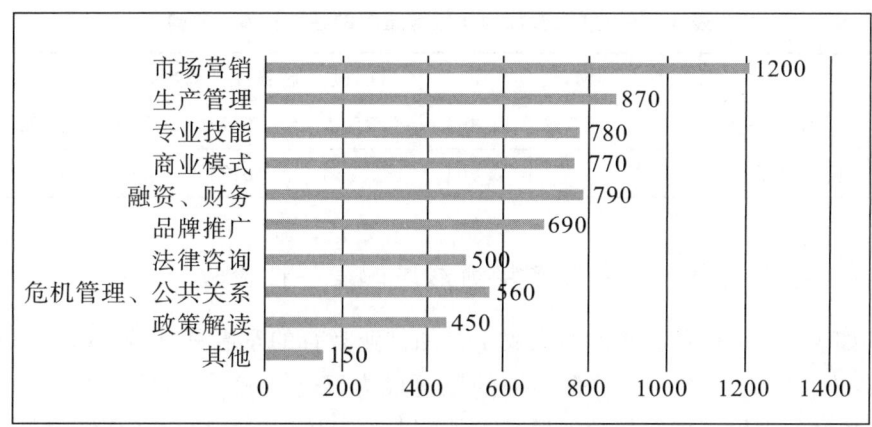

图 3-16 希望接受创业教育的内容

3. 创业农民工希望接受创业教育的形式

对样本创业农民工希望接受创业教育/培训的形式进行调查，结果显示，大多数样本创业农民工希望参与短期集中的创业教育/培训，如图 3-17 所示。

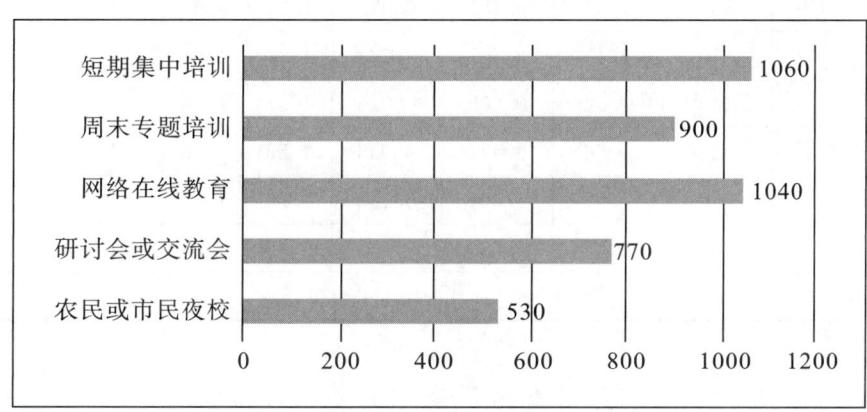

图 3-17 希望接受创业教育的形式

（三）农民工参加创业教育培训意愿差异性检验

1. 性别对参加创业教育培训意愿的差异性检验

如表 3-10 所示，性别对农民工参加创业教育意愿的影响并不显著。

表 3-10　别对参加创业教育意愿的独立样本 t 检验

		F	显著性	t	自由度	显著性（双尾）	$M\pm SD$
性别	假定等方差	0.344	0.558	0.364	223.00	0.716	0.025+0.070
	不假定等方差			0.364	162.253	0.717	0.025+0.070

2. 年龄对参加创业教育培训意愿的差异性检验

如表 3-11 所示，年龄对农民工参加创业教育的意愿具有显著影响。41~50 岁的农民工参加创业教育培训的意愿最为显著，20 岁以下、21~30 岁和 31~40 岁的农民工随着年龄的增长参加创业教育培训的意愿也在持续增加，但到了 50 岁以后参与创业教育的意愿就会迅速下降。

表 3-11　基于年龄的参加创业教育意愿单因素方差分析

年龄	个案数	平均值	标准差	标准误差	95%的置信区间		最小值	最大值
					下限	上限		
20 岁以下	380	1.37	0.489	0.079	1.21	1.53	1	2
21~30 岁	370	1.49	0.507	0.083	1.32	1.66	1	2
31~40 岁	440	1.52	0.505	0.076	1.37	1.68	1	2
41~50 岁	820	1.66	0.477	0.053	1.55	1.76	1	2
50 岁以上	240	1.42	0.504	0.103	1.20	1.63	1	2
总计	2250	1.53	0.500	0.033	1.46	1.59	1	2
			$F=10.401$		$sig=0.026$			

3. 学历对参加创业教育培训意愿的差异性检验

如表 3-12 所示，学历对农民工的参加创业教育的意愿不具有显著影响。

表 3-12　学历的参加创业教育意愿单因素方差检验

学历	个案数	平均值	标准差	标准误差	95%的置信区间		最小值	最大值
					下限	上限		
小学	660	1.65	0.480	0.059	1.53	1.77	1	2
初中	580	1.52	0.504	0.066	1.38	1.65	1	2

续表

学历	个案数	平均值	标准差	标准误差	95%的置信区间		最小值	最大值
					下限	上限		
技校（职高）	310	1.48	0.508	0.091	1.30	1.67	1	2
高中	210	1.57	0.507	0.111	1.34	1.80	1	2
大专	130	1.23	0.439	0.122	0.97	1.50	1	2
本科及以上	360	1.44	0.504	0.084	1.27	1.61	1	2
总计	2250	1.53	0.500	0.033	1.46	1.59	1	2
$F=2.056$　　$sig=0.072$								

4. 务工年限对参加创业教育培训意愿的差异性检验

如表3-13所示，在外务工年限对农民工的参与创业教育的意愿具有显著影响。随着务工年限的增加参与创业教育的意愿呈现上升的趋势，在外务工6~10年时参与创业教育的意愿达到最大，在外务工10年之后参与创业教育的意愿开始下降。

表3-13　基于务工年限的参加创业教育意愿单因素方差检验

务工年限	个案数	平均值	标准差	标准误差	95%的置信区间		最小值	最大值
					下限	上限		
2年以下	580	1.40	0.493	0.065	1.27	1.53	1	2
2~5年	600	1.52	0.504	0.065	1.39	1.65	1	2
6~10年	650	1.74	0.443	0.055	1.63	1.85	1	2
10年以上	420	1.40	0.497	0.077	1.25	1.56	1	2
总计	2250	1.53	0.500	0.033	1.46	1.59	1	2
$F=6.471$　　$sig=0.000$								

5. 务工期间年收入对参加创业教育培训意愿的差异性检验

如表3-14所示，务工期间年收入对农民工参与创业教育的意愿具有显著影响。随着年收入的增加，返乡农民工的创业意愿呈现持续上升的趋势，在年收入达到9万元以后创业意愿开始下降。

表 3-14 基于务工年收入的参加创业教育意愿单因素方差检验

年收入	个案数	平均值	标准差	标准误差	95%的置信区间		最小值	最大值
					下限	上限		
2万元以下	620	1.35	0.482	0.061	1.23	1.48	1	2
2万~5万元	680	1.62	0.490	0.059	1.50	1.74	1	2
6万~8万元	680	1.71	0.459	0.056	1.59	1.82	1	2
9万~12万元	200	1.30	0.470	0.105	1.08	1.52	1	2
12万元以上	70	1.14	0.378	0.143	1.79	1.49	1	2
总计	2250	1.53	0.500	0.033	1.46	1.59	1	2
$F=7.383 \quad sig=0.000$								

6. 务工行业对参加创业教育培训意愿的差异性检验

如表 3-15 所示，务工行业对农民工参加创业教育意愿具有显著影响。

表 3-15 务工行业的参加创业教育意愿单因素方差检验

行业	个案数	平均值	标准差	标准误差	95%的置信区间		最小值	最大值
					下限	上限		
农业	350	1.37	0.490	0.083	1.20	1.54	1	2
制造业	1110	1.50	0.502	0.048	1.40	1.59	1	2
服务业	790	1.65	0.481	0.054	1.54	1.75	1	2
总计	2250	1.53	0.500	0.033	1.46	1.59	1	2
$F=4.249 \quad sig=0.015$								

7. 务工地区对参加创业教育培训意愿的差异性检验

如表 3-16 所示，务工行业对农民工参加创业教育意愿具有显著影响。

表 3-16 务工行业的参加创业教育意愿单因素方差检验

地区	个案数	平均值	标准差	标准误差	95%的置信区间		最小值	最大值
					下限	上限		
东部	1220	1.57	0.497	0.045	1.48	1.66	1	2

续表

地区	个案数	平均值	标准差	标准误差	95%的置信区间		最小值	最大值
					下限	上限		
中部	390	1.46	0.505	0.081	1.30	1.63	1	2
西部	640	1.48	0.504	0.063	1.36	1.61	1	2
总计	2250	1.53	0.500	0.033	1.46	1.59	1	2
$F=1.099$ $sig=0.335$								

创业具有较大的风险性，农业创业的风险性随农业生产自身受季节影响，同时受地域性、难以保存、需要较高的技术性等特点的影响。农业创业需要得到政府机构的扶持及社会金融机构的融入，以减少农业创业中途夭折的可能性。

第二节 农民工创业教育绩效影响因素研究

一、研究变量

创业教育的成效直接影响着创业层次与创业质量，所以有必要厘清农民工创业教育绩效的影响因素。芮正云、庄晋财（2014）认为农民工由于人力资本和资金的缺少，会多选择低技能、低知识要求等准入门槛相对较低的行业进行创业。因此，农民工创业者的个体特征选取性别、年龄、文化（受教育程度）、年收入来表明创业者对于技术和知识的接受程度，同时也可在一定程度上反映创业者获取资金的难易程度。所以，农民工个体特征会影响创业教育绩效。

根据郭铖、何安华（2019）对 2016 年中国农民涉农创业调查数据研究分析的观点，生产技术类和市场营销类培训显著正向影响农民涉农创业绩效。陈诗慧（2016）也提出创业教育受到创业课程在内的四方面因素的影响。因此，本书在结合上述学者观点和调研结果基础上，选取已经开展课程中的品牌推广、专业技能、市场营销、生产管理、融资财务、商业模式、政策解读、法律咨询、危机公关九个方面作为衡量指标。所以，课程内容的设定对创业教育绩效有影响。

根据陈诗慧、李征（2011）的观点课程氛围、学校环境对创业教育的绩效存在影响，因此选取课程形式作为指标之一，具体包括农民培训夜校、网络在线教育、短期集中培训、周末专题培训、研讨与交流会四个方面。故研究所用的主要变量描述性统计如表3-16所示。

表3-16 变量的描述性统计分析

变量	均值	标准差	最小值	最大值
培训期望得分	0.511	0.304	0	1
性别	0.651	0.477	0	1
年龄	2.943	1.152	1	5
文化	3.039	1.710	1	6
年收入	2.513	1.159	1	5
品牌推广	0.267	0.443	0	1
专业技能	0.405	0.491	0	1
市场营销	0.515	0.500	0	1
生产管理	0.429	0.495	0	1
融资财务	0.349	0.477	0	1
商业模式	0.347	0.476	0	1
政策解读	0.197	0.398	0	1
法律咨询	0.218	0.414	0	1
危机公关	0.230	0.421	0	1
农民培训夜校	0.267	0.443	0	1
网络在线教育	0.407	0.492	0	1
短期集中培训	0.520	0.500	0	1
周末专题培训	0.384	0.487	0	1
研讨与交流会	0.322	0.468	0	1

基于绩效测量的常用方法与研究实际，选取层级分析法和Tobit模型进行数据分析。操作说明如下：

(1) 建立评价层次结构模型。根据问卷的实际情况以及前人的研究，本书将返乡农民工创业教育评价指标体系分为目标层以及评价准则层（一级指标）。最上层是最为抽象的创业教育绩效，最下层是最为具体的对影响创业教育绩效具体元素的判别和评价标准。通过对最具体、最基础的创业教育绩效元素的量化识别以及特征量的量化评价，逐步综合形成对职业素养整体水平的评价，实现从最初的具体元素识别到最后抽象水平的整体概括。

（2）拟定一级指标加权意见征询表及其说明。将创业教育绩效指标评价基本要素确定为"获得更多市场信息""提升技术水平""获得创业经验""提升管理水平""增加社会资本"。

（3）专家打分。把纵列因素指标与横行因素指标进行逐一比较，并按照相对重要性等级量表的规定（一般采用比率标度给出相对重要性的比值系数），视其重要性程度，标明相应的等级数字，通过结果整理对创业教育绩效进行赋权，结果如表3-17所示。

表3-17　专家打分法赋权后创业教育绩效指标结果

农民工创业绩效评价	获得更多市场信息	提升技术水平	获得创业经验	提升管理水平	增加社会资本
获得更多市场信息	1	5	5	1	1
提升技术水平	1/5	1	1	1	1/5
获得创业经验	1/5	1	1	1	1/5
提升管理水平	1	1	1	1	1
增加社会资本	1	5	5	1	1

（4）计算因素的相对权重，并进行一致性检验。根据表3-17的专家打分结果，计算出相对应的权重，其中一致性比例为0.0987，CR值小于0.1，通过一致性检验。

由于创业教育绩效的测算结果均在0~1之间，当我们用测算结果作为被解释变量时，OLS普通最小二乘法估计结果可能会产生一定的偏差，因此本书选用受限的Tobit面板模型进行回归分析。

构建回归方程如下：

$$Performance = \begin{cases} C_0 + \beta_{1i} x_{1i} + \beta_{2i} x_{2i} + \beta_{3i} x_{3i} + \varepsilon, y > 0 \\ 0, y = 0 \end{cases}$$

其中，$Performance$为被解释变量即创业教育绩效，C_0为截距项，$\beta_{1i} \sim \beta_{3i}$为各自的回归系数，$X_{1i} \sim X_{3i}$分别表示自变量个体特征、课程内容、课程形式下的具体影响因素，ε为误差项。

二、农民创业教育绩效影响因素

运行Stata20.0软件通过将解释变量单一组合、两两组合及共同组合，分别对创业教育绩效进行回归，结果如表 3-18 所示。

表 3-18　Tobit 回归结果

解释变量	被解释变量：*Performance*					
	模型 1	模型 2	模型 3	模型 4	模型 5	模型 6
性别	0.0921*** (0.0342)			0.0505* (0.0306)	0.0642** (0.0313)	0.0332 (0.0293)
年龄	0.0557*** (0.0176)			0.0248 (0.016)	0.0321* (0.0164)	0.015 (0.0154)
文化	0.0355*** (0.0111)			0.00873 (0.0102)	0.0189* (0.0104)	0.0042 (0.0099)
年收入	0.00278 (0.0149)			0.0137 (0.0135)	0.00272 (0.0137)	0.0132 (0.0129)
品牌推广		0.206*** (0.0335)		0.200*** (0.0339)		0.172*** (0.033)
专业技能		0.156*** (0.0299)		0.159*** (0.0299)		0.136*** (0.0292)
市场营销		0.115*** (0.029)		0.114*** (0.0289)		0.114*** (0.028)
生产管理		0.120*** (0.0294)		0.119*** (0.0296)		0.0974*** (0.0286)
融资财务		0.149*** (0.0304)		0.138*** (0.0306)		0.122*** (0.0297)
商业模式		0.194*** (0.0308)		0.186*** (0.031)		0.155*** (0.0303)
政策解读		0.0589 (0.0391)		0.0539 (0.0389)		0.0174 (0.0375)
法律咨询		0.0435 (0.0365)		0.0363 (0.0365)		0.00935 (0.0352)
危机公关		0.0593 (0.0374)		0.051 (0.0377)		0.00646 (0.0366)
农民培训夜校			0.101*** (0.0348)		0.103*** (0.0348)	0.0694** (0.0325)
网络在线教育			0.0814*** (0.031)		0.0844*** (0.0311)	0.0177 (0.0304)

续表

解释变量	被解释变量：$Performance$					
	模型1	模型2	模型3	模型4	模型5	模型6
短期集中培训			0.177*** (0.0306)		0.167*** (0.0306)	0.0967*** (0.0289)
周末专题培训			0.182*** (0.0311)		0.174*** (0.031)	0.122*** (0.0297)
研讨与交流会			0.251*** (0.0326)		0.233*** (0.0329)	0.168*** (0.0319)
sigma	0.357*** (0.0131)	0.315*** (0.012)	0.327*** (0.012)	0.312*** (0.0114)	0.324*** (0.0118)	0.296*** (0.0108)
常数项	0.201*** (0.0743)	0.159*** (0.0348)	0.238*** (0.035)	0.00565 (0.0715)	0.0506 (0.0745)	0.0354 (0.0725)
样本量合计	513	513	513	513	513	513

注：*、**、***分别表示在1％、5％和10％的水平下显著。

分别来看各个变量对创业教育绩效的影响：

（1）模型1发现，性别、年龄、文化都在1％水平下，通过检验，影响关系为正；而年收入未能通过显著性检验。结果表明，在只考虑个体特征层面时，男性比女性在创业培训上可以得到更高的绩效，年长者以及文化程度较高者参加培训后的创业教育绩效普遍较高。可能的原因是因为男性的创业意愿和创业意向普遍要高于女性。年龄通常对学习产生不好的、消极的作用，而本书得出的学习效果呈现正相关的可能的原因是：根据被调查者的年龄的分布区间，发现受访者的年龄都集中在31~40岁的区间，这一区间的受访者相对于30岁以下的有更好的经验阅历，相对于40岁以上的有更好的精力学习；文化程度越高意味着可以更好地掌握新知识，接受新观点。对于年收入水平，可能的原因是受访者的收入区间处于6万~8万元，收入的差距还没有达到可以造成对创业教育绩效重大影响的程度。

（2）模型2发现，品牌推广、专业技能、市场营销、生产管理、融资财务在商业模式1％的水平上显著，而商务模式、政策解读、法律咨询、危机公关不显著。结果表明，在只考虑课程内容层面也进一步验证了生产技术类和市场营销类培训对农民涉农创业绩效起着非常重要的正向作用，这一结论符合郭铖等（2019）认为的经营管理类与财务管理类没有显著的影响的结论。

（3）模型3发现，农民培训夜校、网络在线教育、短期集中培训、周末专题培训、研讨与交流会五个方面均在 1‰ 水平上显著。在课程内容层面，5 类课程类型都对创业教育绩效起着正向影响，其影响程度分别按照网络在线教育、农民培训夜校、短期集中培训、周末专题与研讨会的课程形式增加，说明单纯的听课对于创业教育绩效的提高不是最有效的方式。创造良好的可供农民工受教育者互相交流经验、学习各种长处以及可以亲身实践的场所与氛围才是创业教育绩效提高的关键。

（4）模型 4 发现，品牌推广、专业技能、市场营销、生产管理、融资财务在商业模式 1‰ 的水平上显著，融资模式在 1‰ 的水平上同样显著。在个人特征+课程内容方面，课程内容的加入导致个人特征因素影响减小，性别、年龄、文化程度由 1‰ 显著变为 10‰ 显著与不显著，说明影响创业教育绩效的因素中个人特征并不是主要的影响因素，课程内容的影响要显著超过它们的影响。与模型 2 相比，个人特征的加入对课程内容产生非常小的变化（系数变化微小）。

（5）模型 5 发现，农民培训夜校、网络在线教育、短期集中培训、周末专题培训、研讨与交流会五个方面均在 1‰ 水平上显著；性别、年龄、文化程度则在 5‰、10‰ 水平上显著。在个人特征+课程形式方面，课程形式的加入导致个人特征的显著性降低，说明课程形式对创业教育绩效的影响要超过个人特征的影响。与模型 3 相比，个人特征的加入基本上未对课程形式产生效果（系数变化微小）。

（6）模型 6 发现，品牌推广、专业技能、市场营销、生产管理、融资财务、商业模式、短期集中培训、周末专题培训、研讨与交流会均在 1‰ 水平上显著；农民培训夜校由 1‰ 变为 5‰ 的水平显著；网络在线教育则不显著。在个人特征+课程内容+课程形式方面，网络在线教育由 1‰ 变为不显著，农民培训夜校从 1‰ 变为 5‰ 水平显著，说明在创业教育中应该优先采取短期集中与周末专题培训，尽量减少农民夜校培训，而不应该采取网络在线教育培训的形式。与模型 5 相比，课程内容的加入使课程形式对于提升创业教育绩效的效果变小（系数变小），如研讨与交流会的数量每增长 1‰，对于创业绩效的提升效果由 0.233‰ 降低为 0.168‰。与模型 4 相比，课程形式的加入同样使课程内容对于教育绩效的提升效果变小。这就要求创业教育的组织者应合理安排培训课程与形式，确保创业教育绩效最大化。

研究在 Tobit 模型中针对影响创业教育绩效选取了三个方面，依次为创业者个体特征、创业教育的课程内容及课程形式，但针对创业者来源群体并未进行具体考察。同时发现农民工可以根据接受创业教育培训前主要从事的工作性质分为两大群体：务工人员与创业人员。因此，再次对部分农民工进行分类，通过选取合适的计量方法进行讨论，观察农民工来源的不同是否会引起对创业教育绩效的差别。借鉴学者 Elert、Fayolle 针对不同群体对创业教育绩效测量方法中使用的倾向值匹配法与本节分析的需要，选取倾向值匹配的方法考察务工群体和创业群体对创业教育绩效的影响。倾向值匹配法（Propensity Score Matching，PSM），最早由统计学家 Rosenbaum 和 Rubin 提出，该模型通过 Logistic 回归或者 Probit 模型估计研究对象倾向值，通过降维后选取合适的匹配法进行匹配，倾向值能够平衡干预组与控制组的差异，根据匹配结果进行因果估计。

通过 Stata 运算结果表明，务工群体和创业群体在接受创业教育后的提升并未表现出明显的差异性。因此，在针对提升返乡农民工接受创业教育绩效的考虑因素中，参训人员的来源差异并不会对创业教育绩效产生明显的影响，所以在构建 Tobit 模型时无须考虑它。

三、结论与启示

通过文献梳理并结合实际给出农民工创业教育绩效的五个指标及影响创业教育绩效的三个影响因素。通过专家打分法的方式对创业教育绩效的衡量指标进行赋权。利用受限的 Tobit 模型进行实证研究，分析创业者个体特征、创业教育课程内容、创业教育课程形式对创业教育绩效的影响，得出以下的结论：

创业教育绩效分为三个部分，即知识层面（创业经验、市场信息）、技能层面（技术水平、管理水平）和关系层面（社会关系）。从专家打分的结果可见，对于创业教育绩效而言，社会关系、创业经验居于首位，其次为提升管理水平、获得创业经验、提升技术水平，这说明拓宽人际关系网络互和经验交流是创业者创业教育最想获得的部分。

利用相同方法获得影响创业教育绩效的三个因素，即个人特征、课程内容、课程形式，并细分为各自二级指标，通过单一组合、两两组合及共同组合分别对创业教育绩效进行回归，可以得到品牌推广、专业技能、市场营销、生产管理、融资财务、融资模式对创业教育绩效有明显的正向影响。因此，农民工更需要以上六个项目的课程内容，其有助于提高创业教育绩效。除了网络在线教育不显著外，农民培训夜校、短期集中培训、周末专题培训、研讨与交流会结果显著。因此，农民工可以在接受上述四个课程形式的基础上适时增加其他形式的授课内容与形式，有助于创业教育绩效的提升。

基于上述结论，从提高农民工创业教育绩效的角度来看，创业教育中参训者的个人特征并不是影响产业教育绩效的重要因素,创业教育的课程内容和课程形式才是重要的影响因素。同时,根据研究结果我们发现课程形式可以做部分修改,提出以下建议:

(1) 保留课程方面的品牌推广、专业技能、市场营销、生产管理、融资财务、融资模式课程,修改或减少对于政策解读、法律咨询、危机公共课程的授课时时长或者授课形式,适时新增案例教学、成功创业者创业经验分享类课程,同时要专门预留出农民工课上与老师互动的时间。

(2) 现存五种课程形式都能提升创业教育的效果,应结合实际以研讨与交流会为基础,搭配选择农民夜校、短期集中培训、周末专题培训中的一个或全部进行创业教育的开展,也可开展新的课程形式,根据当地的特色产业等满足各地区实际需要。

(3) 创业教育绩效的指标要根据新时代新形势对农民工创业综合能力的需求,适时做出修正。此外,通过引进复合型农业人才充实创业教育的师资队伍,同时组织当地优秀的农民工创业者去不同的特别是经济发达的省份接受更好质量的教育培训,将新技术、新思维带回本地,提升本地教育质量。

第三节 农民工创业教育对创业能力的影响研究

据相关调查显示,美国中小企业的平均寿命约 7 年,而我国中小企业的平均寿命仅为 2.5 年,全球的创业成功率仅为 1%,主要从事农业、手工业、服务业等领域的农民工新创企业,其平均寿命更短,创业成功率更低。

在农民工创业活动中,物质资本占据着重要地位,但是,随着知识经济时代的到来以及产业跨界融合趋势的加剧,人力资本将代替物质资本在农民工创业过程中占据主导地位。目前,农民工长期外出务工的稳定收入及政府倾向性的融资政策,在一定程度上消除了因物质资本投入不足而带来的负面影响,但是,农民工创业过程中人力资本投入不足的问题却客观存在。虽然政府出台了一系列激励政策,实施了农民工创业培训、农业职业经理人培训等多种提升农村人力资本的举措,试图通过创业教育提升农民工创业能力,激发农村的自我造血功能。但是,农民工创业特质的局限性及创业过程的复杂性制约了外部政策效果的发挥。根据创业特质论的观点,创业者是天生而非后天塑造的,个体成为创业者是因为其具备一些独特的人格心理特征。农民工独特的创业人格特质,如保守、情感驱动、内控性等,会无形中成为其创业能力有效提升的

第三章
农民工创业及创业教育实证研究

障碍。

是否可以通过系统化的创业教育，提升农民工创业素养及创业能力，进而克服因自身或外部环境带来的创业障碍，有待进一步验证。以下将通过实证研究，厘清农民工创业教育对创业能力的作用机制，为政府对农民工创业教育投入及创业教育组织实施提供理论参考。

一、研究设计

从创业教育接受个体的角度来看，创业教育是一种正式的创业学习形式，是新创企业获取信息、技能以及资源的重要渠道。国外早期的创业教育的研究主要以不同的研究视角、不同的学科背景将创业教育、创业学习与创业能力结合起来，而后的研究开始强调经验的重要性，近年国外科学家的研究目的主要是试图从众多的理论体系中挖掘出创业教育参与的普遍本质特征。

（一）创业教育与创业能力

在创业教育与创业能力的关系研究中，Mulder 等（2007）指出高水平的创业能力是拥有持之以恒的学习动力，并验证了参与正式创业教育与创业能力的正向关系。Lefebvre 等（2013）的研究进一步验证了这种关系，认为创业教育可以提升创业能力。创业学习参与是指促成创业成功的一系列知识、技能、态度的集合，是一个开放的、生成的、迭代的和自我强化的过程。人们对创业教育参与对创业能力提升具有正向促进作用几乎已经形成共识，但是，创业教育和创业能力的这种关系并没有在"低阶层创业者"中得到验证。创业能力的提升依赖于创业教育的异质性，在考虑农民工创业者的异质性的情景下，这种结论是否仍然成立呢？由此，提出如下假设：

H0：农民工创业教育参与对创业能力有正向影响。

如前所述，创业教育具有丰富的内涵，只有将创业教育进一步解构，才能真正发现创业学习对创业能力的作用机理。通过访谈发现，农民工在创业过程具有明显的"直觉式思维"及"模仿偏好"，善于在他人成功或失败的创业经历中学习，表现出对既定事实经验的强烈追捧，形成了"经验式参与"和"从众式参与"两种创业教育参与方式。"直觉式思维"在创业教育参与过程中表现为依赖自身经验或经历选择学习内容，是一种经验式的创业教育参与方式。创业者在先前的经历中学到的知识和技能可以迁移到创业者现有的创业情景中，从而促进创业活动的顺利进行，这种现象在农民工特别是返乡农民工的创业活动中更加明显。返乡农民工通常会把在务工情景中掌握的知识和技能，以及由于信息鸿沟带来的创业机会迁移到创业活动中。这种知识和技能的迁移取决于情景的相似性，情景相识度越高，则知识迁移的效果越好。所以，农民工创业具有大量迁移式创业或模仿式创业，如在发达地区的成功创业经验或创业机会，会很快"克隆"到欠发达地区，从城市迁移到乡村。这为农民工创业提供了有效路径，即通过模仿或观察进行知识迁移，进而提高创业能力。由此，提出如下假设：

H1：农民工创业教育经验式参与对创业能力有正向影响。

H1a：农民工创业教育经验式参与对创业机会能力有正向影响。

H1b：农民工创业教育经验式参与对创业关系能力有正向影响。

H1c：农民工创业教育经验式参与对创业组织能力有正向影响。

H1d：农民工创业教育经验式参与对创业战略能力有正向影响。

"模仿偏好"在创业教育参与过程中表现为"模仿他人"或者"随大流""赶时髦"选择培训内容，是一种从众式的创业教育参与方式。由此，提出如下假设：

H2：农民工创业教育从众式参与对创业能力有正向影响。

H2a：农民工创业教育从众式参与对创业机会能力有正向影响。

H2b：农民工创业教育从众式参与对创业关系能力有正向影响。

H2c：农民工创业教育从众式参与对创业组织能力有正向影响

H2d：农民工创业教育从众式参与对创业战略能力有正向影响。

（二）创业关联性的调节作用

创业教育与创业能力关系间是否存在某些变量的调节作用，是一个值得探究的问题。通过访谈发现，农民工创业中会表现出一定的"兴趣偏好"和"行业依赖"，即会尽量选择自己感兴趣或者曾经从事过的行业。调查显示，农民工创业与务工是同一行业或相关行业的高达83.11%，农民工创业过程中的行业依赖比较明显。Cooper 等（1988）研究表明初创企业在产品、服务、客户和供应商等方面与前雇主具有一定的关联性。Aldrich（1999）明确指出，创业者更喜欢在自己曾经从事过的行业开始创业，因为他们可以利用在以前的工作中收集到有利信息的机会。可以说，创业过程中的兴趣偏好和行业依赖广泛根植于创业活动中。除此以外，创业信息、社会关系等资源关联性也会成为创业教育参与和创业能力关系的调节因素。如张玉利等（2011）的研究表明，当创业者的信息获取或转化方式与其先前经验类型相匹配时，这一类型的经验才能更好地转化为创业能力。可见，信息获取或转化的行为方式调节着创业学习与创业能力的关系。所以，有必要从创业与务工行业关联、创业资源匹配、创业与个人兴趣等方面入手，探究农民工创业教育参与对创业能力的影响。创业关联性是指个体创业者角色转换过程中，外部环境与创业者的适配程度，主要包括行业关联性、资源关联性和兴趣关联性。由此，提出如下假设：

H3：农民工创业关联性对创业教育参与正向影响创业能力有调节作用。

H4：农民工创业关联性对经验式参与正向影响创业能力有调节作用。

H4a：农民工创业行业关联性对经验式参与正向影响创业能力有调节作用。

H4b：农民工创业资源关联性对经验式参与正向影响创业能力有调节作用。

H4c：农民工创业兴趣关联性对经验式参与正向影响创业能力有调节作用。

H5：农民工创业关联性对从众式学习参与影响创业能力有调节作用。

H5a：农民工创业行业关联性对从众式参与正向影响创业能力有调节作用。

H5b：农民工创业资源关联性对从众式参与正向影响创业能力有调节作用。

H5c：农民工创业兴趣关联性对从众式参与正向影响创业能力有调节作用。

通过以上分析，可建立如下理论模型，如图3—18所示。

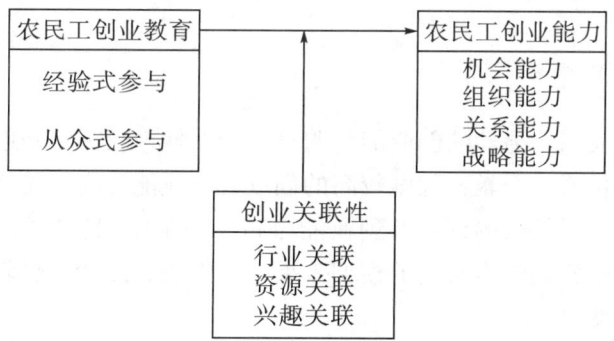

图3—18 农民工创业教育参与对创业能力作用的理论模型

二、变量测量及数据收集

(一) 变量测量

1. 创业教育参与

由于创业教育参与缺乏比较成熟的量表，本研究主要借鉴 Cope（2010）和 Kolb 等（2015）的研究观点，结合访谈结论、农民职业经理人和导师的意见，采用文献演绎法和归纳法尝试开发相关量表，以四个题项对经验式参与和从众式参与进行测量。

2. 创业能力

本书以农民工创业能力为因变量，借鉴 Macke 等（2002）农民创业能力快速测试表，设计题项，分别测量农民工创业机会能力、关系能力、组织能力和战略能力。

3. 调节变量

本书以创业关联性为调节变量，具体测度题项为"我曾经有在所创业行业工作的经历""我具有与创业相关的社会关系""我对自己的创业领域有浓厚的兴趣"；采用李克特量表，测量农民工创业行业关联性、资源关联性和兴趣关联性。

4. 控制变量

已有研究表明，男性的创业能力明显高于女性，较为年轻创业者的创业能力高于年纪较长者，受教育程度较高的创业者创业能力高于受教育程度较低的创业者，务工年限较长的创业者创业能力高于务工年限较短的创业者。因此，为了避免这些因素影响本研究的模型效果，将性别、年龄、受教育程度和务工年限作为控制变量。

(二) 信度与效度检验

用 SPSS25.0 软件对测量题目进行信度和效度检验，如表 3-19 所示，所有因子的 Cronbach's Alpha 值均大于 0.7，在信度区间内。对整份问卷进行效度检验，KMO 值为 0.823，均大于 0.7，即问卷具有较好的结构效度。

表 3-19 测量工具的信度与效度检验

变 量	测试问题构成	Alpha	KMO
创业教育参与	Q1 我靠经验决定是否参与创业培训	0.780	0.731
	Q2 我靠经验发现机会和做出决策		
	Q3 我是否参与创业培训会受到其他人的影响		
	Q4 我通过观察他人的行为或行为导致的结果获取知识		
创业关联性	Q5 我曾经在所创业的行业工作过	0.746	0.740
	Q6 我具有与创业相关的社会资源		
	Q7 我对自己的创业领域有浓厚的兴趣		
创业能力	Q8 我能有效把握市场机会	0.835	0.792
	Q9 我能有效地领导和激励员工		
	Q10 我能有效整合行业内外的核心资源		
	Q11 我有明确的目标和抗风险能力		

三、农民工创业教育对创业能力影响的实证检验

(一) 创业教育对创业能力影响假设的检验

线性回归分析结果如表 3-20 所示,农民工创业教育经验式参与对机会能力存在显著正向影响（$\beta=0.224$, $P=0.048$）,假设 H1a 得到验证;经验式参与对关系能力存在显著正向影响（$\beta=0.126$, $P=0.014$）,假设 H1b 得到验证;经验式参与对组织能力存在显著正向影响（$\beta=0.186$, $P=0.008$）,假设 H1c 得到验证;经验式参与对组织能力存在显著正向影响（$\beta=0.177$, $P=0.021$）,假设 H1d 得到验证;经验式参与对创业能力的四个维度均有正向影响,H1 得证。在回归结果中,经验式参与对机会能力和组织能力的影响更为显著。

农民工创业教育从众式参与对机会能力存在显著正向影响（$\beta=0.331$, $P=0.000$）,假设 H2a 得到验证;从众式参与对关系能力存在显著正向影响（$\beta=0.244$, $P=0.001$）,假设 H2b 得到验证;从众式参与对组织能力存在显著正向影响（$\beta=0.291$, $P=0.000$）,假设 H2c 得到验证;从众式参与对战

略能力存在显著正向影响（$\beta=0.367$，$P=0.000$），假设 H2d 得到验证；农民工创业教育从众式参与对创业能力的四个维度均有正向影响，H2 得证。综上所述，H0 得证。

表 3-20 农民工创业教育参与对创业能力影响作用分析

	机会能力	关系能力	组织能力	战略能力
经验式参与	0.209** (0.048)	0.155* (0.014)	0.124** (0.008)	0.138* (0.021)
从众式参与	0.353*** (0.000)	0.295*** (0.001)	0.244*** (0.000)	0.342*** (0.000)

注：*** 代表相关性在 0.001 水平下显著，** 代表相关性在 0.01 水平下显著，* 代表相关性在 0.05 水平下显著，括号内为相应 P 值。

（二）创业关联性的调节效应检验

根据温忠麟等（2004）关于调节效应检验方法，此处采用层级回归分析对理论假设进行检验。在考虑控制变量作用的条件下，检验调节作用的层级回归分析包括三个步骤：第一步加入控制变量模型，第二步加入自变量模型，第三步加入自变量与调节变量交互项模型。

将创业行业作为调节变量引入模型 3 后，创业行业与经验式参与交互变量仅对创业能力中的机会能力有显著的调节影响（$\beta=0.180$，$P=0.021$），对关系能力、组织能力和战略能力的调节影响并不显著，假设 H4a 得到部分支持。这一结论表明在行业关联性的协同作用下，创业者通过经验式参与对机会能力的提升有显著影响。资源关联性仅对战略能力有显著的调节作用（$\beta=0.180$，$P=0.001$），对机会能力、关系能力和组织能力的调节影响并不显著，假设 H4b 得到部分支持；兴趣关联性对创业能力的各个维度均有显著影响（$\beta=0.185$，$P=0.009$；$\beta=0.165$，$P=0.018$；$\beta=0.159$，$P=0.011$；$\beta=0.160$，$P=0.027$），假设 H4c 得到有力支持。因此，假设 H4 得到部分支持和验证，具体如表 3-21 所示。

在创业关联性对"从众式参与-创业能力"关系调节影响的检验中，行业关联性的调节影响达到了显著条件（$\beta=0.185$，$P=0.022$；$\beta=0.269$，$P=0.008$；$\beta=0.177$，$P=0.026$；$\beta=0.204$，$P=0.01$），假设 H5a 得到有力的支持和验证；资源关联性仅对"从众式参与-组织能力"与"从众式参与-战略能力"作用关系有调节影响作用（$\beta=0.159$，$P=0.019$；$\beta=0.199$，$P=$

0.024),假设 H5b 得到部分支持和验证;兴趣关联性仅对"从众式参与-组织能力"作用关系有调节影响作用($\beta=0.320$,$P=0.031$),H5c 得到部分支持和验证。所以,假设 H5 得到了部分支持和验证,具体如表 3-22 所示。

农民工创业教育：系统解构、支撑体系与绩效评价

表 3-21 创业关联性对经验式参与与创业能力的调节效应

	机会能力			关系能力			组织能力			战略能力		
	M1	M2	M3	M1	M2	M3	M1	M2	M3	M1	M2	M3
性别	0.035	0.001	−0.029	0.126*	0.103	0.015	0.080	0.059	−0.020	0.177	0.144	0.084
年龄	0.032	0.013	−0.038	0.054	0.041	0.020	0.186	0.171	0.120	0.224	0.206	0.150
教育程度	0.066	0.050	0.016	0.049	0.034	0.16	0.069	0.055	0.087	−0.036	−0.52	−0.079
务工年限	0.025	−0.034	−0.007	−0.009	−0.045	−0.054	0.052	0.101	0.024	−0.060	−0.171	−0.089
经验式参与		0.209**	0.146		0.124*	0.060		0.155**	0.142		0.138*	0.074
经验式*行业			0.679* (0.021)			0.287 (0.341)			0.309 (0.226)			0.574 (0.241)
经验式*资源			0.197 (0.186)			0.632 (0.078)			0.292 (0.419)			0.509*** (0.001)
经验式*兴趣			0.471** (0.009)			0.411* (0.018)			0.439* (0.011)			0.685* (0.027)
调整后的 R^2	0.013	0.027	0.339	0.001	0.010	0.280	0.005	0.025	0.433	0.046	0.061	0.311
R^2	0.372			0.315			0.477			0.345		

注：*** 代表相关性在 0.001 水平下显著，** 代表相关性在 0.01 水平下显著，* 代表相关性在 0.05 水平下显著，括号内为相应 P 值。

表 3-22 创业关联性对从众式参与创业能力的调节效应

	机会能力			关系能力			组织能力			战略能力		
	M1	M2	M3	M1	M2	M3	M1	M2	M3	M1	M2	M3
性别	0.035	0.001	-0.029	0.126*	0.103	0.015	0.080	0.059	-0.020	0.177	0.144	0.084
年龄	0.032	0.013	-0.038	0.054	0.041	0.020	0.186	0.171	0.120	0.224	0.206	0.150
教育程度	0.066	0.050	0.016	0.049	0.034	0.16	0.069	0.055	0.087	-0.036	-0.52	-0.079
务工年限	0.025	-0.034	-0.007	-0.009	-0.045	-0.054	0.052	0.101	0.024	-0.060	-0.171	-0.089
从众式参与		0.353***	0.494**		0.244***	0.265		0.295***	0.541**		0.342***	0.350*
从众式*行业		0.627* (0.022)			0.635** (0.008)			0.675* (0.026)			0.470** (0.01)	
从众式*资源		-0.560 (0.359)			0.114 (0.078)			0.615* (0.019)			0.236* (0.024)	
从众式*兴趣		-0.387 (0.445)			0.464 (0.281)			0.510* (0.031)			0.466 (0.241)	
调整后的 R^2	0.013	0.105	0.382	0.001	0.053	0.309	0.005	0.086	0.459	0.046	0.157	0.362
R^2		0.413			0.343			0.478			0.393	

注: *** 代表相关性在 0.001 水平下显著, ** 代表相关性在 0.01 水平下显著, * 代表相关性在 0.05 水平下显著, 括号内为相应 P 值。

根据回归结果，运用Cohen等（2003）等关于调节效应的图示分析方法，分别用均值加、减一个标准差，描绘出创业关联性在创业教育参与与创业能力关系中的调节效应图，如图3-19所示。可以看出，在高创业关联性水平上，创业教育参与对创业能力的影响更大；在低创业关联性水平上，创业教育参与对创业能力的影响则相对较小。假设H3得证。

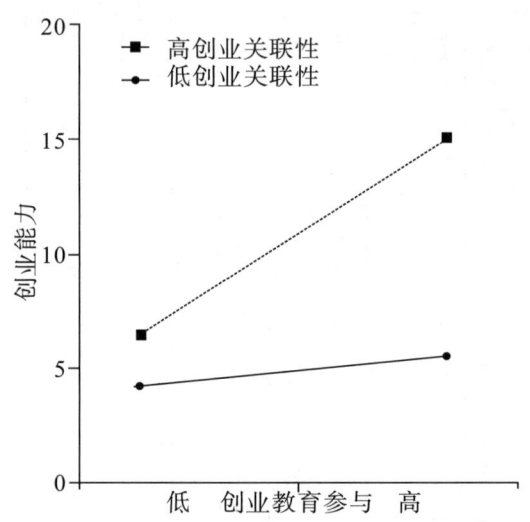

图3-19　创业关联性对创业学习和创业能力的调节作用

四、结论与启示

通过层级回归分析，对农民工创业教育参与影响创业能力，以及关联性影响"创业教育参与－创业能力"关系的调节作用进行了检验。主要得出如下结论：①农民工创业教育参与对创业能力的提升有重要作用，经验式参与和从众式参与均对创业能力有显著影响。但是，从众式参与对创业能力的影响比从众式参与对创业能力的影响更为显著，即农民工接受创业教育过程中偏向于通过模仿或观察他人的行为以及行为导致的结果获取知识，进而提高创业能力。②农民工创业关联性对创业教育参与正向影响创业能力有显著调节作用，农民工创业教育参与能否对创业能力产生积极影响很大程度上取决于其创业行业关联性、资源关联性和兴趣关联性水平。在高创业关联性水平上，创业教育参与对创业能力的正向影响更为显著；在低创业关联性水平上，创业教育参与对创业能力正向影响作用则相对较小。③创业关联性各维度对创业教育参与正向影响创业能力的作用有所不同，其中，兴趣关联性对"经验式参与－创业能力"关系的调节作用最为显著，资源关联性次之，行业关联性最弱；行业关联性对"从众式学习-创业能力"关系的调节影响最显著，社会关联性次之，兴趣关联性最弱。

本研究揭示了创业关联性作为影响"创业教育参与-创业能力"关系成立的一个重要因素，分析了创业关联性不同维度对创业教育参与与创业能力不同维度组合的协同影响效应，指出了创业教育参与以及创业关联性在创业能力提升过程中的作用，对农民工创业群体通过创业教育参与但创业能力不足的现象提供了一个解释和说明。同时，本研究提供了一个通过关联性入手提升农民工创业能力的可能方案，提出关联性是影响"创业教育参与-创业能力"关系成立的重要条件，也是促进创业教育参与更为有效的关键因素。创业教育培训机构及农民工创业者在实践中应注意创业关联性与创业教育参与的协同作用，通过创业关联性的调节作用促进创业教育参与对创业能力的积极影响，进而实现创业能力的提升。

第四章 农民工创业教育政策研究

任何社会经济活动都嵌入在其所处的社会环境和关系之中,农民工创业教育是一种准公共服务,其服务质量依赖于所处的政策环境。本章基于多源流理论框架,运用内容分析法,对我国农民工创业教育政策进行分析,有利于总结我国农民工创业教育政策的政策目标、政策执行、保障措施及政策特征。

第一节 多源流视角下农民工创业教育政策议程

一、多源流分析框架

政策科学研究的发展可分为"理性决策"和"非理性决策"两个阶段,"理性决策"的代表人物是现代政策科学的先驱哈罗德·拉斯维尔,他主张和创立的新协作主义(Neo-Corporatism)、新制度主义(Neo-Institutionalism)、政策网络分析(Policy Net-works)和社会选择理论(Social Choice)等新的理论和方法在政策过程研究中产生了深远影响。1984年,约翰·W.金登在垃圾桶模型的基础上开发了多源流理论模型(如图4-1所示),该理论更加强调"非理性决策",试图从问题源流、政策源流和政治源流来对政策过程这一"黑箱"进行系统深入的研究。金登认为,一旦政策之窗打开,问题源流、政策源流、政治源流这"三条源流"在政策企业家的促进下汇合,政策议程由此建立。20世纪80年代后期,多源流论进入中国,被广泛应用于对公共政策的研究中。其将对政策的研究阶段向前延伸至决策前阶段,揭示了公共政策是如何形成的,即其形成的契机,分析了影响政策的各要素及其发挥的作用,并且关注了在公共政策过程中起作用的关键人物。国内学者运用该分析框架,研究了住房、土地问题等公共政策的演进过程。除此之外,该框架还被应用于污染防治、群体事件、救助管理等焦点事件对相对公共政策议程推动的研究。

第四章
农民工创业教育政策研究

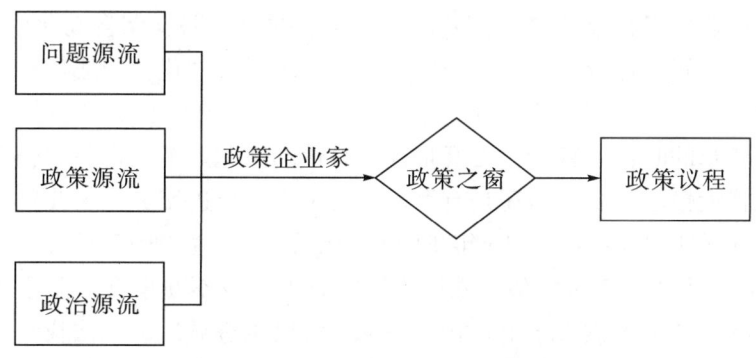

图 4-1　多源流理论分析框架示意图

农民工创业教育政策是一项公政策，通过政策议程分析可还原该政策议题的形成过程，以及政府制定该政策的政策意图。多源流理论是一个有效解读社会问题如何纳入政策议程的分析框架，可为农民工创业教育政策的政策过程研究提供合适的分析框架。因此，运用多源流分析框架分析农民工创业教育政策具有较强的适切性。

二、农民工创业教育政策的多源流分析

（一）问题源流分析

多源流分析框架中的问题源流是由政府内部及其周围的人们可能注意到问题构成的指标、焦点事件、危机与符号以及反馈等引起人们注意的问题的依据。问题源流解释了一些问题或事件为何能够上升为引起政策制定者以及社会重点关注的话题。

1. 城镇企业剩余劳动力富余

自 20 世纪 90 年代"打工潮"出现以来，进城务工的农民工数量连年增加，其工作主要集中于劳动密集型产业，对国外市场的依赖性较强。受 2008 年全球金融危机的影响，中国对外贸易进程开始放缓，在同年 11 月首次出现了出口负增长，东南沿海外贸企业订单大量减少，许多工厂被迫倒闭，即使勉强维持运营的工厂也因生产量的大幅度下降而裁员。另外，随着生产智能化、无人化的发展，许多工厂开始建设无人化车间，以提高生产效率和降低人力资源成本。其中，上海通用金桥工厂车间在 2019 年就拥有 300 多台机器人，实现了 100%焊接自动化；阿里巴巴菜鸟无人仓利用 AI 技术，让大量机器人在

仓内协同作业，组合成易部署、易扩展、高效的全链路仓储自动化解决方案；美的也在 7 年间累计投入 800 多台机器人，实现了自动化生产战略转型，使生产效率提高了 70%，生产线人数下降 50%。工业 4.0 时代是利用信息化技术促进产业变革的时代，智能化无疑是这个时代的主题，劳动密集型企业对于人工的需求将大幅度减少，但还是有大量的农民工选择进城务工来改善当前的生活状况。如图 4-2 所示，2019 年我国农民工数量多达 29077 万人，较上年增长 0.8%，达到了历年最大值。农民工进城务工人数不断攀升，而企业的劳动力需求下降，劳动力供大于求，相当一部分农民工进城后因无法找到合适的工作，农民工就业难的问题愈发明显。

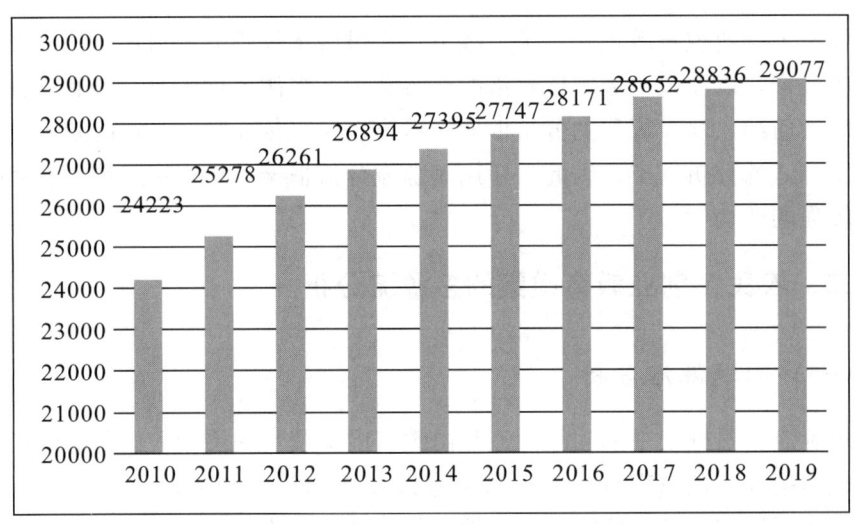

图 4-2 2010—2019 年农民工数量变化（单位：万人）

资料来源：国家统计局。

2. 农村"空心化"问题严重

许多学者将农村空心化界定为农村中有文化的青壮年劳动力流向城市工作，造成农村人口在年龄结构上极不合理的现象。虽然农民工外出务工会给家庭带来一定的经济收入，改善家庭经济状况，但是对于整个乡村的社会、经济和文化发展都带来了不利影响，劳动力的空心化将直接导致企业的空心化。农村空心化所引发的一系列问题严重阻碍我国农村的发展，农村失去青年人不仅失去了原有的活力，也不利于我国的乡村振兴和社会主义新农村建设。

（二）政策源流分析

政策源流的核心作用是推动备选方案和政策建议的产生，由一些专业人员组成政策共同体（Policy Community）或政策网络（Policy Network）进行主导，思想在共同体中竞争、软化和被接受。金登亦将政策源流称为"政策原汤"。他认为在这个共同体中，备选方案和政策建议的产生过程类似于一种生物的自然选择过程。我国是工人阶级领导的、以工农联盟为基础的人民民主专政的社会主义国家，政策共同体中的政府官员、人大代表、研究人员及政策制定者等群体充当了多源流理论中政策企业家的角色，提出他们各自或者所代表群体的思想或观点，相继形成具有技术可行性和高价值认可度的政策建议。我国是一个农业大国，"三农"问题一直以来备受关注。2014 年 9 月，"大众创业、万众创新"倡议被首次提出后，全国形成了浓厚的创业氛围，相关部门和研究人员将"三农"问题和"双创"问题有效衔接，试图在农村创新创业方面有所突破，在此过程中形成的一些政策思想和建议构成了农民工创业教育政策的"政策原汤"，其根据政策思想的内容不同可大致分为以下两个方面。

1."双创"引领的政策思想

"双创"引领的政策思想主要是指在国家和地方出台的双创政策中提到的有关农民创新创业内容。2015 年国务院出台的《关于大力推进大众创业万众创新若干政策措施的意见》明确指出要支持创业集聚发展，结合城市和乡村区域的特点，建立有市场竞争力的协作创业模式，并且鼓励返乡人员形成具有自身特色的创业联盟，以加强有关创业的沟通学习，引导创业人员融入特色专业市场，打造出具有区域特点的创业集群和优势产业集群。除此以外，该意见也对于返乡农民工的创业方向进行了一定的指引，如鼓励支持返乡农民工因地制宜围绕休闲农业、农产品深加工、乡村旅游、农村服务业等开展创业，完善家庭农场等新型农业经营发展环境。除了对农民工创业行为进行引导之外，一些政策文件还提倡对农民工进行一定的创业教育，以提升其决策和运营能力，农业部办公厅在发布的《办公厅关于加强农民创新创业服务工作促进农民就业增收的意见》中指出要联合大专院校探索实行"理论学习＋实践教学"的分段培养模式，解决农民创业教育中缺乏实践的问题，有助于农民工创业教育落地实施。

2. 乡村振兴引领的政策思想

习近平在党的十九大报告中指出，农业、农村、农民问题是关系国计民生的根本性问题，必须始终把解决好"三农"问题作为全党工作的重中之重，实施乡村振兴战略。2018年国务院发布的"中央一号文件"《中共中央、国务院关于实施乡村振兴战略的意见》，明确提出要大力培育新型职业农民，全面建立职业农民制度，完善配套政策体系。实施新型职业农民培育工程。支持新型职业农民通过弹性学制参加中高等农业职业教育，并且要完善创新培训机制，支持农民专业合作社、专业技术协会、龙头企业等主体承担培训。引导符合条件的新型职业农民参加城镇职工养老、医疗等社会保障制度，鼓励各地开展职业农民职称评定试点。在《乡村振兴战略规划（2018—2022年）》中提出以完善利益联结机制为核心，以制度、技术和商业模式创新为动力，推进农村一二三产业交叉融合，加快发展根植于农业农村、由当地农民主办、彰显地域特色和乡村价值的产业体系，推动乡村产业全面振兴，表明农民工创业是实现乡村振兴的重要途径。

以上政策文件及其政策思想为农民工创业教育政策提供了政策方向和政策思路，为政策的产生和完善提供了有力支撑，是"政策原汤"，构成了多源流分析框架中的政策源流。

（三）政治源流分析

在多源流分析框架中，政治源流独立于问题源流和政策源流而存在，它由公众情绪，压力集团间的竞争、政党或意识形态在国会中的分布状况以及政府的变更等因素构成。中国政治制度与西方存在着较大的差异，我国是中国共产党领导的多党合作和政治协商制度，因此，就农民工创业教育问题本身和中国的具体国情而言，政党意识形态和公共情绪是农民工创业教育政策中政治源流的重点讨论对象。

1. 政策主题顺应时代潮流

中国共产党自成立以来，一直将农村和农民问题放在首要位置。新中国成立初期，为了满足农民在属于自己的土地上发展生产的愿望，中国共产党在执行新中国成立前土地政策的基础上在全国范围内进行土地改革。改革开放后，中国共产党转换思路，给予农民更高的自主权，实行以包产到户、包干到户为主要形式的家庭联产承包责任制，农民的收入明显增加。2001年3月，朱镕基总理提出：农业、农村和农民问题是关系改革开放和现代化建设全局的重大问题，要把全面贯彻党在农村的基本政策，加强农业基础地位和增加农民收入作为经济工作的首要任务。中共十六大后，"三农"问题再次成为全党工作的重中之重，连续数年的"中央一号文件"均关注"三农"问题。中共十九大后，实施乡村振兴战略，鼓励农民工返乡创业，不仅解决了农民的就业问题，还在一定程度上缩小了城乡差距。农民工创业教育是解决"三农"问题的重要举措。

2. 公众情绪积极

公共舆论确定了政策制定的基本范围和方向。公众情绪分为积极情绪和消极情绪，公众的想法或者诉求以公共舆论方式表达出来并通过大众媒体被进一步放大。随着国家对农民工创业的政策扶持，越来越多的农民工选择创业，将家乡资源与务工地资源有效衔接是农民工发现创业机会的重要途径，基于自身知识、技能选择创业项目是保障创业成功的重要条件。所以，农民工在创业过程中对自身创业素养的提升具有迫切需求，参与创业教育的积极性较高，渴望创业教育政策的出台。农民工创业教育政策的公众情绪属于积极的公众情绪，使得农民工创业教育在政策讨论中的提及度增大，促进了农民工创业教育政策的产生。

三、农民工创业教育政策实施

农民工创业教育政策是在问题源流、政策源流和政治源流的共同作用下形成的，并且三条源流在此过程中所起到的作用不尽相同。其中，问题源流使国家和社会意识到问题的严重性和紧迫性，即劳动力过剩、农村空心化问题给社会和农村居民带来不利影响；政策源流为创业教育政策提供了大量的"政策原汤"，已经成文的双创政策、教育现代化政策以及乡村振兴政策等为农民工创业教育政策的制定奠定了坚实的基础，农民工创业教育政策的大部分内容都是从这些政策中"软化"而来的；政治源流为创业教育政策的形成提供了良好的政策环境和浓厚的政策氛围。总之，农民工创业教育政策的实施具有一定的必要性和必然性。2016年，人社厅发布的《关于实施农民工等人员返乡创业培训五年行动计划（2016—2020年）的通知》标志着农民工创业教育进一步走向规范化和体系化。

第二节 农民工创业教育政策内容分析

近年来，我国出台了一系列促进农民工创业，鼓励农民工参与创业教育的政策文件，对这些政策进行分析解读有助于厘清我国农民工创业教育的政策环境。

一、研究方法与样本选取

（一）研究方法

内容分析法（Content Analysis）是对内容进行客观的、系统的、量化的描述和分析，是为模式、主题、倾向识别的目的而针对某个题材内容进行详细且系统的审视①。内容分析法的实质是对传播内容所含信息量及其变化的分析，即由表征的词句推断出准确意义的过程，是层层推理的过程。

（二）研究工具

本部分使用 NVivo 11 Plus 作为农民工创业教育政策内容分析的研究工具。NVivo 软件是由美国 Qualitative Solutions and Research 公司开发的一款执行研究软件，该软件可以对多种形式的内容进行数据分析，比如图片或 PDF 或 WORD 等文字文本、视频、音频等类型的数据，可以通过可视化的形式呈现出多种类型的分析结果。除此之外，NVivo 所自带的词频统计、自动、手动编码等功能为政策文本的内容研究提供更加科学的依据。因此，使用 NVivo 软件对政策文本进行分析，可以抽象出多级理论概念，使研究结果具有更强的科学性、严谨性和有效性。

（三）样本选取

本书选取国家和地方出台的农民工创业教育政策以及与其密切相关的政策作为分析样本，国家政策主要选取国务院、国家发展改革委员会、农业农村部、人力资源及社会保障部等部门发布的政策文件，并选取四川省以及成都地区部分相关的政策文件作为地方政策的代表。

---

① 文军、蒋逸民：《质性研究概论》，北京大学出版社，2010年，第245页。

第四章
农民工创业教育政策研究

在政策的查询过程中，我们运用 Python 编程的方式从网上获取国家、四川省以及成都地区关于农民工创业教育的相关政策，Python 程序的使用让政策的收集过程效率更高。经过大量的阅读与筛选，从中筛选出 2015—2020 年间与农民工创业教育相关性较强的政策文件共计 15 份，政策内容主要涵盖三个方面：一是我国农民工创业教育资源的整合，特别是师资资源及技术平台资源的整合。二是树立标杆，对典型性的农民工创业教育成员进行表彰，大力宣传农民工创业教育，增加农业创业在社会中的影响力。三是农民工创业教育的模式引导。以"一点两线、全程分段、实训服务"、信息化手段、电商化培训为主要模式，实现农业创业教育模式多元化。

国家各部委、四川省以及成都市颁发的部分关于农民工创业教育的部分政策文件目录如表 4-2 所示。

表 4-2 各类农民工创业教育政策

政策名称	发文号
《关于支持农民工等人员返乡创业的意见》	国办发〔2015〕47 号
《关于加强农民创新创业服务工作促进农民就业增收的意见》	农办发〔2015〕9 号
《关于〈实施农民工等人员返乡创业培训五年行动计划（2016—2020 年）〉的通知》	人社厅发〔2016〕90 号
《关于支持返乡下乡人员创业创新促进农村一二三产业融合发展的意见》	国办发〔2016〕84 号
《关于做好 2018 年新型职业农民培育工作的通知》	农财发〔2018〕13 号
《国务院关于促进乡村产业振兴的指导意见》	国发〔2019〕12 号
《关于做好当前农民工就业创业工作的意见》	人社部发〔2020〕61 号
《扩大返乡留乡农民工就地就近就业规模实施方案》	农办产〔2020〕2 号
《全国乡村产业发展规划（2020—2025 年）》	农产发〔2020〕4 号
《四川省人民政府办公厅关于加快新型职业农民培育工作的意见》	川办发〔2015〕77 号
《四川省人民政府办公厅关于支持农民工和农民企业家返乡创业的实施意见》	川办发〔2015〕73 号
《关于做好 2017 年新型职业农民培育工作的通知》	川农业函〔2017〕628 号
《关于做好 2018 年新型职业农民培育工作的通知》	成农联发〔2018〕26 号
《关于印发〈促进返乡下乡创业二十二条措施〉的通知》	川办发〔2018〕85 号

续表

政策名称	发文号
《关于进一步促进返乡下乡创业的实施意见》	成办发〔2019〕7号

资料来源：作者根据政府网站收集整理。

二、词频统计及编码分析

（一）词频统计

词频是词汇在所有政策文本中出现的次数，词频的高低反映出政策文件对特定词汇的重视程度。为初步分析出农民工创业教育政策所涉及的内容，并为后续编码工作中节点的确定提供参考依据，首先以农民工创业教育相关政策文件为基础，使用NVivo软件对所有农民工创业教育政策进行词频分析。NVivo程序将这些政策文件导入，再分析出文件中的同一个词出现的次数以及占总高频词的比重。显示词频的一个重要可视化呈现方式是词汇云，词汇云中词汇的大小代表了该词汇在文本中出现频率的高低，词汇显示越大表明频率越高，词汇越小则表明频率越低。通过停用政策文件中的"年""小""中""号""人"等对政策内容没有影响的字词，将显示字词个数设为100个，得出农民工创业教育政策的词汇云，结果如图4—3所示。

图4—3　农民工创业政策文件文本词汇云

词汇云所呈现的结果具有直观性强的特点，可以快速识别出哪些词汇是高频出现的,但是其不能准确地反映出各个字词词频的精确数值。为了进一步分析农民工创业教育政策文件中各个字词的出现及使用的特点,停用同样的字词,将显示字词的个数设为 100 个,列出农民工创业教育政策文件中前 100 个使用频率最高的词汇,结果如表 4-2 所示。

表 4-2 政策文件文本高频词

词频排名	单词	长度	计数	加权百分比(%)	词频排名	单词	长度	计数	加权百分比(%)
1	创业	2	995	2.57	51	落实	2	117	0.3
2	农业	2	571	1.47	52	示范	2	114	0.29
3	发展	2	563	1.45	53	部门	2	113	0.29
4	农民	2	454	1.17	54	加工	2	109	0.28
5	返乡	2	427	1.1	55	资金	2	109	0.28
6	产业	2	416	1.07	56	技术	2	108	0.28
7	创新	2	414	1.07	57	融合	2	107	0.28
8	服务	2	413	1.07	58	体系	2	106	0.27
9	农村	2	375	0.97	59	县	1	104	0.27
10	培训	2	330	0.85	60	生产	2	103	0.27
11	企业	2	316	0.82	61	提升	2	100	0.26
12	建设	2	297	0.77	62	平台	2	99	0.26
13	乡村	2	281	0.73	63	条件	2	99	0.26
14	支持	2	271	0.7	64	组织	2	98	0.25
15	培育	2	268	0.69	65	扶持	2	95	0.25
16	政策	2	266	0.69	66	推动	2	94	0.24
17	人员	2	253	0.65	67	休闲	2	91	0.23
18	职业	2	251	0.65	68	农	1	91	0.23
19	农民工	3	245	0.63	69	提供	2	91	0.23
20	资源	2	228	0.59	70	方式	2	91	0.23
21	新型	2	226	0.58	71	基础	2	90	0.23
22	就业	2	220	0.57	72	重点	2	86	0.22
23	工作	2	206	0.53	73	政府	2	85	0.22
24	社会	2	199	0.51	74	企业家	3	84	0.22

续表

词频排名	单词	长度	计数	加权百分比（%）	词频排名	单词	长度	计数	加权百分比（%）
25	鼓励	2	171	0.44	75	强化	2	84	0.22
26	推进	2	168	0.43	76	加大	2	83	0.21
27	开展	2	163	0.42	77	给予	2	82	0.21
28	农产品	3	160	0.41	78	制度	2	80	0.21
29	市场	2	151	0.39	79	设施	2	80	0.21
30	经营	2	151	0.39	80	人才	2	79	0.2
31	加强	2	150	0.39	81	单位	2	78	0.2
32	下乡	2	144	0.37	82	各类	2	78	0.2
33	机制	2	142	0.37	83	加快	2	77	0.2
34	引导	2	141	0.36	84	结合	2	77	0.2
35	项目	2	139	0.36	85	财政	2	76	0.2
36	建立	2	135	0.35	86	合作	2	75	0.19
37	特色	2	133	0.34	87	开发	2	75	0.19
38	改革	2	132	0.34	88	模式	2	75	0.19
39	促进	2	130	0.34	89	信息	2	74	0.19
40	保障	2	129	0.33	90	经济	2	74	0.19
41	国家	2	126	0.33	91	地区	2	72	0.19
42	实施	2	126	0.33	92	人力	2	71	0.18
43	基地	2	125	0.32	93	健全	2	71	0.18
44	完善	2	124	0.32	94	带动	2	71	0.18
45	负责	2	121	0.31	95	现代	2	71	0.18
46	主体	2	120	0.31	96	地方	2	70	0.18
47	机构	2	119	0.31	97	补贴	2	70	0.18
48	市	1	118	0.3	98	金融	2	69	0.18
49	科技	2	118	0.3	99	探索	2	68	0.18
50	管理	2	117	0.3	100	需求	2	68	0.18

通过将NVivo软件分析后所得的词汇云和高频词汇表集合起来详细审视和分析，并根据高频词的特点进行归类，可以大致得出几种类型的高频词：一

第四章
农民工创业教育政策研究

是与主题有关的词汇，如创业、创新、培训、培育等，凸显了政策主题；二是政策对象，如农民工、农民、企业家等，农民工比传统意义上的农民更具有接触新鲜事物的能力和意识，因此是政策的主要对象；三是辅助性主体及机构，如政府、金融、科技等机构，为农民工创业提供了资金和技术支持；四是动词，如服务、支持、保障、促进等，体现了政策目标实现方式。高频词表清晰地展现了农民工创业教育政策文件中词汇使用的特点，为后续树节点和子节点的确定提供了依据。

（二）编码

1. 分析框架

政策是以权威形式标准化的规定在一定历史时期内应达到的奋斗目标、遵循的行动原则、完成的明确任务、实行的工作方式、采取的一般步骤和具体措施。通过对所选取的农民工创业教育政策内容逐字逐句地阅读，以及对词频统计结果的进一步深入分析，结合政策的定义，最终形成了3个树节点和15个子节点，研究了农民工创业教育政策内容分析的分析框架，具体内容如表4-3所示。

表4-3 农民工创业教育政策分析框架

树节点	子节点
政策目标	推动乡村人才振兴
	协助农村脱贫攻坚
	实现农民工就近就业
实现方式	在线培训
	集中授课
	精准指导
	经验分享

续表

树节点	子节点
保障措施	做好宣传推广
	壮大师资队伍
	明确培训对象
	强化组织实施
	建设教育基地
	加强交流合作
	加大资金支持
	持续绩效跟踪

2. 编码及信度检验

开放式编码是在对政策文本不进行任何加工的情况下进行逐字、逐行、逐段的编码，确保涉及农民工创业教育政策方面的部分不被遗漏，再对结果进行大致分类并范畴化，作为下一步编码的树节点，并将各类别内所包含的内容作为子节点，进行第二次编码。这种编码方式大大提高了编码效率，在开放式编码后可以准确地确定树节点与子节点，将文本编入相关的节点下。此处主要选取农民工创业政策中与目标和任务相关的总结性语句编入"政策目标"树节点相应的子节点下，该维度的部分编码情况如表4-4所示。

表4-4 编码示例（政策目标维度）

文本来源	参考点	子节点	树节点
《关于实施农民工等人员返乡创业培训五年行动计划（2016—2020年）的通知》	弘扬乡村企业家精神。弘扬爱国敬业精神，培养乡村企业家国家使命感和民族自豪感，引导乡村企业家把个人理想融入乡村振兴和民族复兴的伟大实践。	推动乡村人才振兴	政策目标
《全国乡村产业发展规划（2020—2025年）》	把产业链增值收益更多地留给农民，农村全面小康社会和脱贫攻坚成果的巩固才有基础、提升才有空间。	协助农村脱贫攻坚	
《扩大返乡留乡农民工就地就近就业规模实施方案》	以实施乡村振兴战略为总抓手，以促进农民就业增收为目标，促进返乡留乡农民工就地就近就业创业。	实现农民工就近就业	

选取涉及培训方式的语句编入"实现方式"树节点下相应的子节点中,该维度部分编码如表4-5所示。

表4-5 编码示例(实现方式维度)

文本来源	参考点	子节点	树节点
《扩大返乡留乡农民工就地就近就业规模实施方案》	开展职业技能培训。实施返乡留乡职业技能提升行动,运用"互联网+"职业技能培训模式,按照就业意向、区域特点和产业需求,开发一批特色专业和示范培训线上培训课程资源。	在线培训	实现方式
《关于支持农民工等人员返乡创业的意见》	采取培训机构面授、远程网络互动等方式有效开展创业培训,扩大培训覆盖范围,提高培训的可获得性。	集中授课	
《全国乡村产业发展规划(2020—2025年)》	开展点对点指导服务,根据农村创业导师和农村创业人员实际,开展"一带一""师带徒""一带多"等精准服务。	精准指导	
《全国乡村产业发展规划(2020—2025年)》	发挥农村创新创业带头人作用,讲述励志故事,分享创业经验。	经验分享	

选取农民工创业教育政策中具体措施的相关语句编入"保障措施"树节点下相应的子节点中,该维度部分编码如表4-6所示。

表4-6 编码示例(保障措施维度)

文本来源	参考点	子节点	树节点
《四川省人民政府办公厅关于加快新型职业农民培育工作的意见》	强化宣传引导。坚持正确的舆论导向,充分利用广播、电视、报刊以及网站、微博、微信、移动客户端等媒体,大力宣传支持农民工和农民企业家返乡创业的政策措施、典型事迹、诚信模范,分享创业经验,展示创业项目,交流创业信息。充分调动社会各方面支持,促进农民工和农民企业家返乡创业的积极性、主动性,大力营造创业、兴业、乐业的良好环境。	做好宣传推广	保障措施

续表

文本来源	参考点	子节点	树节点
《关于支持农民工等人员返乡创业的意见》	建立健全创业辅导制度,加强创业导师队伍建设,从有经验和行业资源的成功企业家、职业经理人、电商辅导员、天使投资人、返乡创业带头人中选拔一批创业导师,为返乡创业农民工等人员提供创业辅导。	壮大师资队伍	保障措施
《关于实施农民工等人员返乡创业培训五年行动计划（2016—2020年）的通知》	做好培训对象信息统计分析。将返乡农民工等人员中有意愿开展创业活动和处于创业初期的人员全部纳入创业培训服务范围。	明确培训对象	
《四川省人民政府办公厅关于加快新型职业农民培育工作的意见》	加强组织领导。各地、各有关部门要将新型职业农民培育作为"三农"工作特别是当前形势下农村创业就业工作的重要内容,落实工作责任,确保目标任务顺利完成。各市（州）、县（市、区）人民政府要健全工作机制,结合当地实际制定切实可行的工作方案,把各项任务措施落到实处。	强化组织实施	
《关于支持农民工等人员返乡创业的意见》	支持返乡创业培训实习基地建设,动员知名乡镇企业、农产品加工企业、休闲农业企业和专业市场等为返乡创业人员提供创业见习、实习和实训服务,加强输出地与东部地区对口协作。	建设教育基地	
《四川省人民政府办公厅关于加快新型职业农民培育工作的意见》	统筹各类教育培训资源,加快构建和完善以农业广播电视学校、中高等农业职业院校等专门教育培训机构为主体,农技推广服务机构、农业科研院所、农业企业和农民合作社等多元参与的新型职业农民教育培训体系,满足新型职业农民多层次、多形式、广覆盖、经常化、制度化的教育培训需求。	加强交流合作	

续表

文本来源	参考点	子节点	树节点
《关于做好2017年新型职业农民培育工作的通知》	强化资金监管抓落实。要积极与财政部门沟通,落实专项资金,加大投入力度,确保新型职业农民培育工作任务保质保量完成。要加强资金使用监管,提高资金使用效益,创新支持方式,按照"钱随事走"的原则,分培育环节和内容规范资金支出。	加大资金支持	保障措施
《关于做好2018年新型职业农民培育工作的通知》	组织培训机构和实训基地围绕培育对象生产需求开展全周期跟踪指导和服务,鼓励地方组织职业农民跨省、出国考察交流,支持职业农民成立专业协会或产业联盟,实现抱团发展。	持续绩效跟踪	

关于信度检验,在 NVivo 中通常使用编码一致百分比或 Kappa 系数来实现。在本次编码结束后,另一位研究人员从 15 份政策文本中随机抽取 2 份重新进行编码,然后进行一致性检验,发现两位研究人员的编码一致率分别为 89.46% 和 87.24%,编码一致性较高,因此,该编码具有较高的可信度。

三、研究结果与讨论

参考点数和编码覆盖率(编码密度)是内容分析的重要统计指标,在文本总量一致的前提下,编码的参考点数越多,表明所注信息的披露越充分。通过 NVivo 对政策文本进行编码后,得到各个树节点与子节点的参考点个数,如表 4-7 所示。

表 4-7 各节点参考点数统计(单位:个)

树节点	数量	子节点	数量	材料来源
政策目标	46	推动乡村人才振兴	28	10
		协助农村脱贫攻坚	7	5
		实现农民工就近就业	11	9

续表

树节点	数量	子节点	数量	材料来源
实现方式	18	在线培训	10	8
		集中授课	5	4
		精准指导	2	2
		经验分享	1	1
保障措施	113	做好宣传推广	12	12
		壮大师资队伍	20	13
		明确培训对象	7	5
		强化组织实施	11	10
		建设教育基地	19	13
		加强交流合作	11	9
		加大资金支持	24	14
		持续绩效跟踪	9	7

从表 4-7 可以看出，在"政策目标"维度下，提到增加农民工创业知识储备的政策文本最多，且参考点数最多，说明农民工创业教育政策的主要目标是提高农民工的创业能力，在此基础上带动农民就业和乡村振兴。"实现方式"节点下的参考点数较少，在 15 份政策文件中共提及 18 处，其中提到在线培训的有 10 处，是该维度下提及最多的子节点。"保障措施"树节点下的参考点最多，达到 113 个，符合政策的基本范式。

通过 NVivo 的编码查询功能，可以得到一个编码矩阵，从而确定节点的材料来源及其编码密度，编码密度是内容分析的重要参考依据。为了便于比较，我们对所得结果进行简单的标准化处理。由于研究的是农民工创业教育政策内容的整体情况，不必详细探究每本政策文件的侧重点，因此，只需将各本政策文件的编码覆盖率相加，最后进行平均，得到各个节点修正后的编码密度，即 $X = \sum x_i / 15$，其中 X 为修正后的编码覆盖率，x_i 为各个政策文本的原始编码密度，修正后的编码覆盖率如表 4-8 所示。

表 4-8 编码覆盖率统计（单位:%）

树节点	子节点	编码覆盖率（修正）
政策目标	推动乡村人才振兴	1.2
	协助农村脱贫攻坚	0.26
	实现农民工就近就业	0.28
实现方式	在线培训	1.42
	集中授课	0.18
	精准指导	0.23
	经验分享	0.01
保障措施	做好宣传推广	2.55
	壮大师资队伍	1.73
	明确培训对象	1.49
	强化组织实施	2.85
	建设教育基地	2.14
	加强交流合作	1.90
	加大资金支持	3.96
	持续绩效跟踪	1.79

为了更加直观地分析各个树节点下的侧重点，明确农民工创业教育政策的关注重点，根据表4-8，分别得出"政策目标""实现方式"和"保障措施"三个维度编码覆盖率的雷达图，进一步对三个维度的政策内容进行深度分析，以便对农民工创业教育政策内容有更加深刻的认识。

目标是政策内容的重要组成部分，从图4-4可以看出，在"政策目标"下，"推动乡村人才振兴"这一目标的编码覆盖率大大高于"实现农民工就近就业"和"协助农村脱贫攻坚"两个子节点的编码覆盖率。乡村人才振兴是实现我国乡村振兴的关键一步，要解决城乡人才分布不均的问题，不仅要鼓励外来人才深入农村参与建设，更需要农村自身培育人才。在对农民工创业教育政策进行编码的过程中我们发现，该政策中体现推动乡村人才振兴这一目标主要表现在两个方面：一是培养企业家精神与道德情操，使之具有创业者应有的辩证思维方式、敢于冒险和勇于创新的精神；二是促进其创业能力的提高，使农民工具有一定的创业知识储备，掌握创立企业、合理运营、科学决策等知识，使之具有在创业过程中理性解决问题、战胜困难的能力。"实现农民工就近就业"和"协助农村脱贫攻坚"两个目标也多次在政策文本中体现,这两个目标可以视为农民工创业教育的溢出效应,在农民工创业教育政策有力执行的同时可以得以实现。综上所述,"推动乡村人才振兴"是农民工创业教育政策的主要目标,这与农民工创业教育中"教育"这一主题相呼应;"实现农民工就近就业"和"协助农村脱贫攻坚"是农民工创业教育政策的伴生目标。

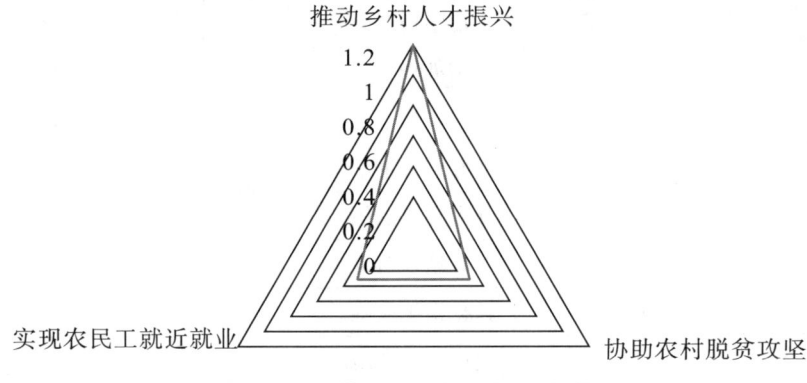

图4-4 政策目标维度节点对比分析

创业教育有别于传统意义上的教育。传统的初、高等教育的实现方式仍以集中授课为主,即在固定的场地(学校、培训机构)进行理论知识传授。农民工创业教育的实现方式具有多样性,通过编码发现,在政策文本中体现的有"在线培训""集中授课""精准指导""经验分享"这四种实现方式。从图4-5中可以看出,"在线培训"的提及率最高,编码覆盖率远远高于其他三种方式,这与信息时代的特征和农民工创业教育的特定对象有关。随着网络技术的发展,在线教育已经成为一种有效的培训方式,突破了培训时间和地点的局限性,使培训更加便捷化。农民工的工作特性决定了其难以抽出时间接受全日制教育,因此,在线培训被农民工创业教育政策大力推崇。在此政策文本中,国家多次鼓励引导运用"互联网+职业技能培训"模式,结合就业意向和区域特点开发具有特色专业的线上课程,作为农民工创业教育的重要资源。其他三种方式在农民工创业教育政策中也均被提及,比如提倡集中授课,使导师对教育对象进行现场指导,创立"平台+导师+学员"的服务模式;农民工的许多技能靠"手把手"教学和"口口相传"获得,因此,"精准指导"和"经验分享"尽管在政策中提及较少但也不容忽视。例如,在一些政策文本中提到开展"一带一""师带徒""一带多"等精准服务;以及在农业农村部发布的《全国乡村发展规划（2020—2025年）》中提到要发挥农村创新创业带头人作用，讲述励志故事、分享创业经验，可以有效地提高农民工的创业热情以及接受创业教育的积极性。

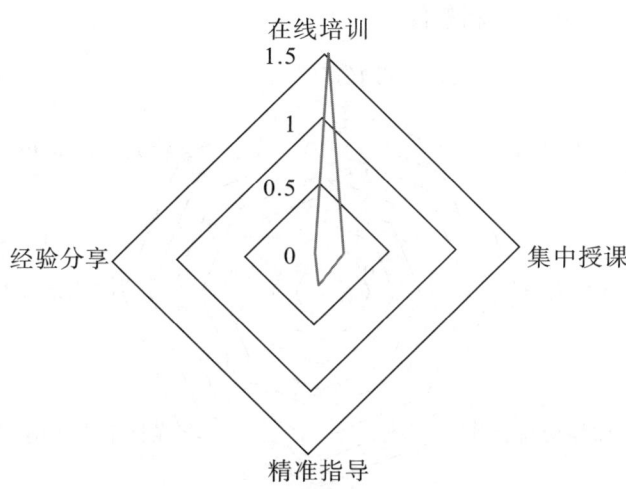

图4-5 实现方式维度节点对比分析

总体来看，农民工创业教育政策中倡导的教育实现模式多种多样，具有较强的现实意义和可行性，并且"在线培训"是该政策中主要倡导的实现方式。由此可以推断，"在线培训"将成为农民工创业教育发展的方向与趋势，会有越来越多的教育机构响应政策号召，创立网络平台开展农民工创业教育。

从图4-6中可以看出，在农民工创业教育政策的众多保障措施方面，"加大资金支持"的编码覆盖率最高，"强化组织实施"和"做好宣传推广"紧随其后，接下来分别是"建设教育基地""壮大师资队伍""加强交流合作""持续绩效跟踪"和"明确培训对象"。在保障措施下的8个子节点中，"加大资金支持"基本被每本政策文件提及并且占用较大的篇幅，说明中央及地方政府对农民工创业教育的重视度较高，并且农民工创业教育还处于较早的发展阶段，农民工创业教育体系尚未完善，因此，需要大量的资金投入来支撑农民工创业教育体系的形成与发展。政策下达后必须有效执行才能达到既定的政策目标，这是"强化组织实施"的有关论述在政策文本中被重点提及的原因，将组织实施过程规范化、详细化，能够有效地提高政策执行力度。另外，宣传工作在政策文件中被重点强调，是由于农民工可能很少会将时间和精力分配到对创业教育的关注上去，需要通过大力宣传使之了解参与创业教育的意义及价值，并通过大量的宣传引导，提高农民工参与创业教育的积极性，营造鼓励创业、支持创业、全民创业的社会氛围。除此之外，政策中所提倡的宣传方式也多种多样，比如开展创业训练营、创业创新大赛、创业项目展示推介等活动。保障措施中有关"建设教育基地""壮大师资队伍""加强交流合作"方面的举措都为创业教育的开展创造了有利条件。

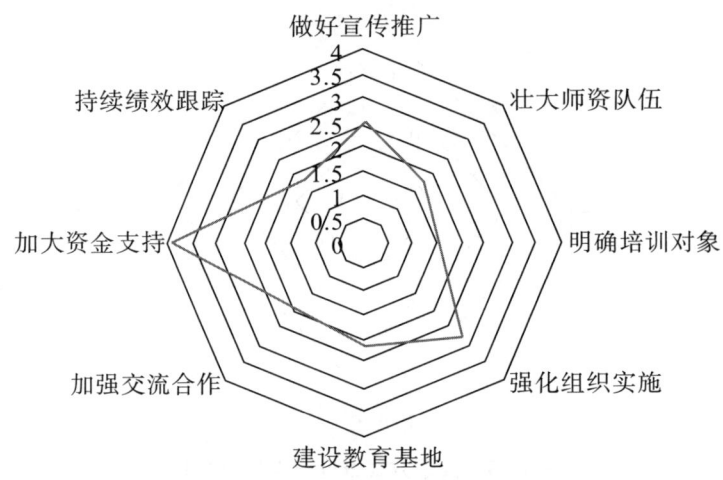

图4-6　保障措施维度节点对比分析

可见，农民工创业政策中的保障举措涉及创业教育的多个方面，从前期宣传到执行再到绩效考评与反馈都有较为详细的政策规定，并根据农民工创业教育现阶段的特征有所侧重。

四、农民工创业教育政策特征

（一）政策价值：双重性

农民工创业教育政策的政策取向包含双重价值，即个人价值和公共价值。个人价值表现为个体需求的满足和个体存在意义的展现，即社会对个人的尊重和满足及个人对社会的责任和贡献；公共价值是同个人价值相对应的范畴，是指同一客体或同类客体同时能满足不同主体甚至是公共民众（公众、民众）需要所产生的效用和意义，它主要由政府或社会团体设计、开发、制造、组织、治理，提供、分配给公众进行消费和享受的公共产品和公共服务。农民工创业教育政策大力推动创业教育活动的开展，引导大量农民工参与创业教育，增强农民工的创业知识储备和企业家精神，使之具有一定的创业能力，提高创业成功率。同时农民工创业教育的开展可提高了创业成功率，带动当地的就业，在一定程度上解决劳动力过剩的问题，体现公共价值。

（二）政策目标：多样性

农民工创业教育政策目标具有多样性。首先，从政策活动来看，农民工创业教育归根到底属于教育活动，因而农民工创业教育政策依托国家对我国教育的总体要求，与教育现代化发展要求相适应，与教育现代化政策的部分目标有共同之处，包括提高教育普及率、实现教育终身化、培养具有个性特长的创造性人才等。在农民工创业教育政策中，这些目标主要体现为使更多的农民工接受创业教育、结合农民工自身条件培养其创业能力以及实现科教兴农、人才强农等。其次，从政策主题来看，农民工创业教育政策主要以"创业"为主题，其多样性目标体现为营造良好的农民工创新创业环境，激发农民工创新活力和创业潜力，以及增强大众创业、万众创新活力，激发农民工返乡创业热情等。最后，从政策对象上来看，农民工创业教育政策面向的群体是农民工，其目标顺应了乡村振兴的部分目标，体现出政策目标的多样性。

（三）政策执行：权变性

农民工创业教育执行具有权变性，这一特征在地方发布的政策中可以清晰地体现出来。各级地方政府明确提出农民工创业教育要以当地的产业特色为基础，依托当地现有资源，与农民工创业特点、需求和地域经济特色紧密结合，开发有针对性的培训项目，开展具有当地经济特点的创业教育。

第五章 农民工创业教育系统解构

系统是指由相互联系、相互作用的若干要素有机地结合成特定结构,从而具有不同于各个要素独自具有的新功能的整体。本章通过扎根理论研究,确定农民工创业系统中的要素(主体、目标、内容、环境及组织方式),建立农民工创业教育系统框架,并运用系统动力学工具对农民工创业教育系统进行动力学仿真。

第一节 农民工创业教育系统分析

一、研究方法及数据收集

(一)研究方法

格拉泽和斯特劳斯(1967)在其专著《扎根理论之发现:质性研究的策略》中首次提出扎根理论,其中斯特劳斯将扎根理论编码分为开放式编码、主轴编码和选择性编码三个阶段,称为程序化的扎根理论,被广泛运用。开放式编码是扎根理论分析的初始步骤,研究者以"零"概念开发,对数据进行初步范畴化。主轴编码是指利用典范模型联结各初始范畴,使范畴的性质和维度更进一步,是将被分解的原始资料重新进行整合的过程。选择性编码指的是选择核心范畴,联系其他范畴并验证其间关系。

利用扎根理论作为研究农民工创业教育的研究方法,主要是基于以下几点考虑:一是目前针对农民工创业研究还没有比较成熟且规范的测量量表和研究结论,需要进一步探索;二是考虑到我国农民工是比较特殊的一类群体,照搬国内外现成的方法、模型不能有效解构农民工创业教育系统;三是农民工创业是一个充斥着太多不确定因素的复杂过程,调查内容宽泛且涉及较多无法定量的内容。扎根理论方法能够基于难以清晰界定的变量和使用既有理论推导的现象，对原始材料进行编码和概念范畴化，挖掘其中的内涵并着手理论模型构建，十分适合作为此次的研究方法。

（二）数据收集

1. 样本构成情况

考虑到需覆盖我国东部、中部和西部地区，我们通过分层随机抽样，选取来自黑龙江省、河北省、山东省、福建省、广西壮族自治区、青海省、甘肃省、四川省、陕西省、湖南省、河南省共计11个省、自治区的58名农民工为访谈对象，进行结构式深度访谈。访谈对象构成如表5-1所示。

表5-1 研究对象基本信息

行业	手工业	运输业	建筑建材业	服务业	商业	制造业	农业、畜牧业
男	2	9	6	4	3	8	2
女	7	0	3	4	3	4	1
总计	9	9	9	8	6	12	3

2. 访谈情况

访谈方式为结构式电话访谈或面对面访谈。首先将访谈内容确定在农民工创业教育问题上，包括创业教育提供者、创业教育组织者、创业教育接受者、创业教育的内容、创业教育组织方式等。在提纲设计时选择了具体的细节问题，便于更广泛地把握创业培训的相关信息。访谈过程中采取自由谈话的方式，由受访者尽可能地表达出真实的信息，为后续理论分析提供翔实的资料。访谈提纲见附录附件3。

二、农民工创业教育主体

（一）农民工创业教育购买主体

农民工创业教育购买主体包括政府、企业、高校以及其他社会组织。农民工创业教育购买主体的初始编码结果如表5-2所示。

表 5-2　农民工创业教育购买主体初始编码

典型原始材料	初始概念	范畴
像我们这种培训的话，政府购买服务这种方式是一部分	政府部门提供	农民工创业教育购买主体
在有条件的地方县市农广校可以直接来承担这个培训，因为其是个事业单位，专门做这个事	学校等事业单位提供	
一家富不算富，大家都富才算富，努力把合作社成熟的种植技术推广给周边群众，带领乡镇群众脱贫致富	农业企业、合作社提供	
农广校也是培训的一个购买主体，同时可能承担了一个公共管理活动	其他社会组织提供	

　　政府是促进农民工创业教育的中坚力量，也是未来创业发展的基础动力。政府为了积极推动农民工创业教育的发展，在政策环境及社会环境等方面做出了诸多努力。在政策方面，政府积极颁布各种融资政策，解决农民工创业融资问题，让农民工切实感受到创业的希望；向农民工实行优惠补贴政策，积极鼓励农民工进行创业教育；制定颁布奖励政策，大力推动农民工创业教育的发展。在社会环境方面，政府积极改善创业文化氛围、完善创业服务体系、加大宣传号召力度、增强市场活跃度等，通过向承接主体购买服务来对农民工创业进行教育培训。在农民工创业教育的过程中，政府发挥着至关重要的作用。

　　政府作为农民工创业教育三大主体之一，可进一步细分为中央政府、地方政府和基层政府，每一级政府在农民工创业教育进程中有不同的特点，发挥着不同的作用。中央政府重在统筹决策，及时颁布各项政策，促进农民工创业教育的发展。地方政府则重在审查监督，对农民工创业教育进程进行监督管理。基层政府在农民工创业教育过程中重在执行，接收上级政府下发政策之后，积极鼓励返乡农民工创业及提升创业文化氛围。农民工创业教育过程中各级政府在不同维度的特征如表 5-3 所示。

表 5-3　各层级不同维度特征

	统筹决策	审查监督	操作执行
中央政府	高	中	低
地方政府	中	高	中
基层政府	低	低	高

各级政府在农民工创业教育过程中需要不同的部门分工协调，不同的部门在不同的层级有不同的形式，如表 5-4 所示。

表 5-4　各层级各部门形式

	农业部门	组织部门	团委部门	妇联部门	人社部门
中央政府	农业农村部	中央组织部	团中央	全国妇联	人社部
地方政府	农业厅	省组织部	团省委	省妇联	人社厅
基层政府	农业局	地方组织部	地方团委	地方妇联	人社局

各部门在农民工创业教育过程中拥有不同的职能划分，所服务的对象也有所不同，如表 5-5 所示。

表 5-5　各部门职能与服务对象

	职能	对象
农业部门	制定政策、购买服务	各类农民工
组织部门	制定干部教育规划、负责干部监督工作的宏观指导	乡村干部
团委部门	协助政府管理好青年事务	乡村青年
妇联部门	代表和维护妇女利益，教育、引导广大妇女	乡村妇女
人社部门	促进就业工作、统筹建立社会保障体系	各类农民工

在农民工创业教育过程中，各层级、各部门协同发展，共同促进农民工创业教育顺利有效地进行。各部门有不同的职能，服务于不同对象，形成了农民工创业教育购买主体。

（二）农民工创业教育承接主体

与出资购买服务相比，自身直接承担培训主体在开展农民工创业教育培训时更有针对性，各职能部门针对培训对象中不同的群体开展组织培训，提高创业教育培训的效率。农民工创业教育承接主体的初始编码如表5-6所示。

表5-6 农民工创业教育承接主体初始编码

典型原始材料	初始概念	范畴
政府还组织协调企业家、科技人员、创业成功人士成立了创业服务专家团队,给我们提供了很多方便	政府部门直接组织,或政府购买服务	农民工创业教育承接主体
相关职能部门及时对接我们农民工创业的需求,还组织职业技能培训课程	学校等事业单位组织	
包括一些有技能、有培训技术的农业合作社或者企业也可以参与进来	农业企业、合作社组织	
还可以制定培训机构管理办法,动态性地选择一批培训机构	其他社会组织组织	

承接主体是承接政府购买服务的主体,即符合条件的服务提供方。在农民工创业教育中,承接主体为高校、科研机构、培训机构、企业、社会组织,这些主体在农民工创业教育中发挥着不同的作用。

1. 高校与科研机构

高校与科研机构拥有大量的人才与教育资源,大量相关研究学者也都集中在高校与科研机构。高校与科研机构通过对农民工创业教育的现状及发展进行了大量调查研究,相继提出众多发展模式与路径,对政府的政策颁布起到了重要的参考作用,也对教育机构的未来发展指明了方向。同时,高校拥有的大量教育人才对农民工创业教育的内容、方式等也有较深的理解,可以结合培训机构更高效率地提升农民工创业教育的质量。因此,高校与科研机构作为农民工创业教育过程中必不可少的承接主体,可对农民工创业教育的发展起到极大的推动作用。

2. 培训机构

培训机构在农民工创业教育发展中不可或缺,可对农民工进行有针对性的培训,提升其劳动力素质、技能、知识水平等。培训机构通过和政府、高校之间大力合作,更能充分发挥其效能,提升农民工素质。当然,将新生代农民工创业教育培训任务落到实处,扩大规模,形成专业的培训教育机构,将会充分增加农民工的参与热度,进而主动地参与到教育培训中。

在农民工创业教育过程中，培训机构主要为三大类，分别为：职业技能培训学校、农民工创业教育协会、职业培训集团。职业技能培训学校作为政府举办的培训学校（也有少数为个人或联合举办），拥有较雄厚的师资力量，教师教学经验也相当丰富，在农民工创业教育过程中，能更高效地提升农民工各方面素质。农民工创业教育协会为返乡农民工自发组织的协会组织，在协会中，农民工会更加积极地投入创业教育的学习中，并且互相沟通学习、共同进步。职业培训集团是指社会中私人承办的教育企业，如新东方等。这些培训机构在培训的过程中会安排比较科学合理的教学方式，对提升农民工创业教育的成效起到较大的作用。以上三种类型培训机构的特征及作用如表5-7所示。

表5-7 培训机构的特征及作用

	特征	作用
职业技能培训学校	师资力量雄厚、教学经验丰富	高效提升农民工各项素质
农民工创业教育协会	聚集创业农民工	激发农民工受教育积极性，促进农民工之间沟通学习
职业培训集团	教学方式科学合理	高效提升农民工各项素质

3. 企业与社会组织

企业和社会组织与农民工的切身利益和感受更息息相关，在农民工创业教育中发挥着举足轻重的作用，农民工能从企业和社会组织中获得更充实和更高效的信息和教育。企业主要是指农业生产经营服务企业，包括一些已经通过注册的家庭农场，还涉及一些咨询服务类企业。这些企业在农民工创业教育过程中对农民工进行专业的创业教育和提供精准的创业信息，既可满足创业农民工的技能需要，又可满足创业农民工的信息需求，弥补农民工在创业过程中信息层面的缺失，能让其更好地把握政府和市场的动向，为农民工创业打下了坚实的基础。

社会组织主要为农民专业合作社及农民工创业协会。这些社会组织在为农民工提供创业知识的同时，也可为农民工构造良好的学习氛围，增强农民工的归属感。

（三）农民工创业教育使用主体

培训对象是创业教育培训的使用主体，是培训的直接对象，一般是农民工。在家庭农场主、农业职业经理人等新兴农业职业工作者出现之后，后者也加入了培训对象群体之中。此外,在国家政策大方针的引导下,也有一批大学毕业生、退伍军人等加入了农业工作者的队伍,使得培训对象的群体进一步获得扩大。农民工创业教育使用主体的初始编码结果见表5-8。

表5-8 农民工创业教育使用主体初始编码

典型原始材料	初始概念	范畴
感谢镇里创办的农民工创业园,把我回乡挣钱的愿望实现了	农民工	农村创业教育使用主体
去年村里决定发展集体产业,我积极报名参加了集中培训,决心把种植技术掌握好,传授给更多的农民	农民	
大学毕业后,在返乡创业政策的鼓舞下,我在去年回到家乡开始创业	新农人	
返乡青年也是培训的对象之一	返乡青年	
企业需要发展,我们作为部门领导的思路要开阔	村干部	

有关学者通过对2017年全国流动人口动态监测调查中140563个乡城流动人口样本进行分析,发现今后一段时间内不打算继续留在流入地者占到2.54%,这部分人中,67.14%选择返乡。选择返乡的流动人口中"70后""80后"分别占到26.91%、22.86%。换言之,在具有返乡意愿的流动人口中,"70后""80后"占半壁江山。这部分人积累了一定的经济资本,具有较强的获取市场信息的能力,在良好的就业创业环境及氛围的影响下,他们可能不会专注于传统农业生产方式,而是加入创业大潮之中。2017年动态的监测调查数据显示,打算返乡的流动人口中,15%是因为返乡创业。对于返乡创业这部分农民工来说,政府应该积极推动创业教育,切实帮助农民工创业成功。

在农民工创业中,性别也是重要的影响因素之一。据有关部门调查,女性更容易做出返乡的决策。一般而言,女性由于照顾家庭的原因,往往更倾向于选择返乡;而男性由于负担着全家生活的重任,其返乡的概率通常要低于女性。但是对于返乡的农民工来说,男性选择创业的概率要远远大于女性。

对比不同婚姻状况的农民工的创业行为发现,有配偶的农民工占创业总数的84.4%,无配偶的占15.6%,这说明婚姻状况对农民工创业行为的影响差异较大。造成这一结果的原因可能是有配偶的农民工家庭责任感更重,更希望提升家庭的经济生活水平,因此更愿意走上创业道路。

在当今瞬息万变的多元化社会里，即使拥有了一定量的资金积累及经验积累，但没有一定的知识储备也是万万不可的。所以，农民工在创业中接受教育培训是必不可少的。

（四）农民工创业教育主体关系及行为

对于农民工创业教育，主体的构成依据政府购买服务来划分。政府购买服务是指通过发挥市场机制作用，把政府直接提供的一部分公共服务事项以及政府履职所需服务事项，按照一定的方式和程序，交由具备条件的社会力量和事业单位承担，并由政府根据合同约定向其支付费用。此时，政府机关为购买主体，主要通过颁布各种创业教育政策及向承接主体购买服务来促进农民工创业教育的发展。承接主体主要为高校、科研机构、培训机构、企业、社会组织，由这些机构和组织提供服务以对农民工进行创业教育。使用主体即为农民工。因此，购买主体、承接主体、使用主体就构成了农民工创业教育的三大主体。三大主体关系如图5-1所示。

在农民工创业教育的进程中，购买主体（政府）、承接主体（高校、科研机构、培训机构、企业、社会组织）、使用主体三大主体行动一直贯穿其中，分别以不同的身份参与到农民工创业教育中。政府作为购买主体，通过制定政策、购买服务、审查监督的方式参与到农民工创业教育中；高校、科研机构、培训机构、企业、社会组织作为购买主体，通过提供培训、科学研究的方式参与到农民工创业教育活动中；农民工作为使用主体，通过接受培训的方式参与其中。作为农民工创业教育过程中的三大利益主体，三者分别采取不同的行动策略，在农民工创业教育体系长期运行中相互影响、相互制约。

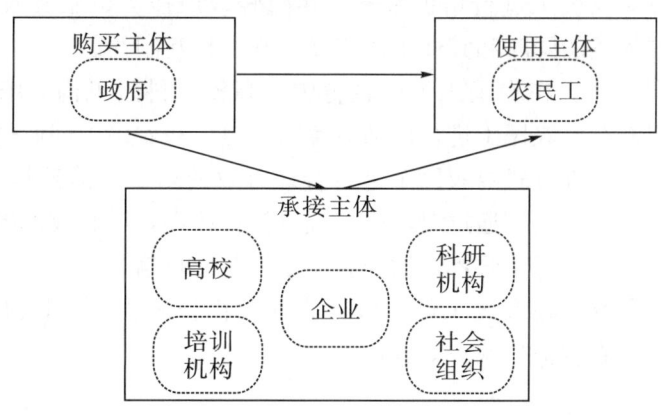

图5-1 三大主体关系

1. 购买主体行动策略

（1）统筹决策。政府作为我国的行政机关，在农民工创业教育过程中保持着统领大局、做出重大政策决策的作用。对于农民工创业教育，政府机关必须对其做到深刻了解，根据国家战略发展动向颁布一系列政策来促进农民工创业教育的发展，实现乡村振兴伟大战略构想。

（2）操作执行。在农民工创业中，政府不仅颁布各类政策来推动农民工创业教育的发展，而且会做出一些相应的措施来进一步推动政策的执行。此时，政府会通过向社会各机构组织购买服务的方式来把培训农民工的任务外包给第三方，通过向承接主体招标、竞标、签署合同、验收成果等流程来保证农民工创业教育的有效进行。如2017年四川省成都市双流区总工会向社会各组织发出招标采购公告来对农民工、新市民进行培训，2019年四川省遂宁市安居区就业服务管理局发出招标采购公告向社会各组织购买服务。

（3）审查监督。在农民工创业教育中，为了保证创业教育顺利有效进行，政府除了进行统筹决策与操作执行外，必须采取相应的措施对农民工创业教育的进程进行监督管理。政府利用公共权力制定规则和标准，对农民工创业教育的各个程序进行严格监督监管，可极大地规范农民工创业教育的发展，加速政府各项政策及战略思想的执行。

2. 承接主体的行动策略

承接主体为承接政府购买服务的主体。在农民工创业教育过程中，承接主体主要为高校、科研机构、培训机构、企业、社会组织。承接主体在一定的目标下代表政府对农民工进行培训服务，在减轻政府压力、服务农民工创业教育、获取己方利益的同时和其他主体相互关联、相互制约。

（1）培训教育。在农民工创业教育中，高校、科研机构、培训机构、企业、社会组织都有对农民工进行培训教育的能力。在农民工创业过程中，它们采取科学的教育培训方式对农民工进行合理有效的培训，提升其劳动力素质、技能、知识水平等。它们通过对农民工进行教育培训，可有效地提升农民工各方面的能力，开阔农民工眼界，增强农民工创业的自信。

（2）科学研究。在农民工创业服务方面提供技术支持，特别是在农业科技、智慧农业、农业信息服务等领域。

3. 使用主体的行动策略

农民工作为三大主体中的使用主体,其行动策略为"接受"或者"不接受"培训。农民工主要通过接受培训来提升自身技能,增强其自身创业竞争力,提升其创业成功率。

三、农民工创业教育目标

农民工创业具有重要的现实价值,无论是在个人层面还是社会层面都是有利的。创业教育是提升农民工个人素养和创业能力,实现创业梦想的重要途径。农民工创业教育目标的初始编码如表5-9所示。

表5-9 农民工创业教育目标初始编码

典型原始材料	初始概念	范畴
感觉创业风险大,知识不够,还是希望能上一些知识课	创业风险	农民工创业教育目标
通过"土秀才"技术指导、专家成果转化、企业家创业引领等方式,提高农民工创业素质,培养企业家精神	创业素养	
这边的产业多,工作岗位多,直接就可以在当地就业,我的小孩也在这里来打暑假工,一个月还是有3000多元,我们很满意	促进就业	

新生代农民工创业群体是实现城乡多元化融合发展和乡村振兴战略的生力军。随着信息时代的发展,科技代替劳动力,许多农民工被迫从生产一线退下来,创业成了许多农民工的选择。一方面,创业者在外积累了一些资本、技术,这使得他们具备创业的条件;另一方面,国家乡村振兴战略的提出,也为农民工创业创建了条件。农民工创业教育突出强调"面向全体农民工",在一定程度上实现了对农民工的物质关怀和精神关照。对农民工进行创业教育主要是有以下几个目标:

一是农民工在创业过程中容易遭遇创业项目、信贷、税收等多方面困难,扶持参与农民工创业培训教育,并在后期对学员创业项目进行跟踪和技术指导,保障学员创业项目的可操作性,降低农民工创业、经营的风险;二是通过创业教育培育农民工创业理论知识、创业精神以及有价值的思维方式,提高农民工个人素质;三是鼓励将创业作为一项积极的就业政策,通过创业促就业。

因为不少农民工自身对创业没有清晰的规划，创业教育在一定意义上能够带动农民工创业，进一步做大做强农村"草根经济"，为现代农业发展增添内生动力，对实现乡村振兴、保持社会稳定、壮大县域经济都有着积极的推动作用。

四、农民工创业教育内容

针对农民工群体，创业教育是必不可少的，地方政府不仅要重视相关培训工作，还要积极重视农村的教育问题，鼓励和帮助农村农民工尽可能接受更多的正规教育。农民工创业教育内容的初始编码如表5-10所示。

表5-10 农民工创业教育内容初始编码

典型原始材料	初始概念	范畴
不知道怎么注册公司，会考虑到侵权的风险，对创业的基本知识不是很清楚	创业基础	农民工创业教育内容
现在科技发达了，对什么电子商务也不懂，所以政府的支持还是必要的，如技能培训，而且总感觉不会管理公司	创业能力	
每个人出现的困难也是不同的，不能一概而论	创业指导	

在创业教育初期阶段，创业教育培训内容可以包括：创业过程理论，创业特质行为如领导力、人事管理能力，创业者需具备的基本商业知识如商业基础、沟通与人际能力、金融知识、财务素养、法律知识等。同时，在此阶段邀请一些当地创业成功的个体户、微小企业创业者进行讲授，分享自己的创业历程，激发农民工对创业的兴趣。

在创业教育中期阶段，创业教育培训应该开设案例分析、创新技能培训、政策解读、市场信息分析、风险防范能力等课程。此时的创业教育重点不再是帮助农民工获取创业基本知识，而是在于提高创业能力，包括提高农民工及时掌握、解读政策的能力，主动发现商机的能力以及企业经营能力。

在创业教育后期阶段，创业教育内容主要是具体问题具体分析。从最初的创业意愿，到机会识别、创业资源整合再到创业项目开发。在每个阶段，每个创业人遭遇的问题各不相同。所以在这个阶段不应该再注重知识输入，而应该以问题为导向，面向创业农民工，进行一对一的创业指导。

五、农民工创业教育环境

激发农民工创业热情，为农民工创业提供良好的创业环境是必要的。创业教育是一项复杂的系统工程,需要各个组织机构的通力配合,优化创业环境,增强创业教育的有效性。农民工创业教育环境的初始编码如表5-11所示。

表5-11 农民工创业教育环境初始编码

典型原始材料	初始概念	范畴
在我们这种偏僻的农村,根本没有什么好的创业教育培训	教育资源匮乏	农民工创业教育环境
我工友的村创业教育可多了,我村一年到头都没有几个,知道的人也不多,去的人也不多	供需对接不顺畅	
现在培训老师不多,上的课程有重复	师资力量薄弱	
上课的内容针对性也不强,根本没有办法解决我的困难	内容缺乏针对性	
在政策扶持这一块,做得不是很到位,尤其是社保补助这一块,做得相对来说比较少,也是因为条件有限	政策体系不完善	

在激发农民工创业热情、推动创业教育有效开展的过程中,不仅要考虑创业教育主体,还要考虑制度与政策环境。在一些欠发达地区,由于当地经济发展水平不高,自身得到的资源较少,创业教育资源匮乏,师资短缺也一直是创业教育可持续发展的短板,一些想创业的农民工无法得到及时的、有用的创业教育。同时,在一些较为发达的农村地区,由于周围城市发展较好,易获得政府资源,导致创业教育开展较多,获取的资源多重复。并且,当前对农民工创业教育培训工作大部分是短期的,长期培训较少,培训的内容趋同,针对性不强,培训的初级人才多,高技能复合型人才少。尽管扶持返乡农民工创业政策数量较多,但在具体操作上却存在问题。在创业过程中,企业从申办到政策运营,要经历多个经办部门,涉及环节多,这些手续客观上增加了创业成本,对农民工创业形成了较大的阻碍。由于缺乏有效的创业扶持政策,又容易遭遇创业瓶颈,农民工创业意愿自然不强,对农民工的创业教育也无法进行。在信息资源获取方面,受教育程度的局限,农民工主动获取信息的能力不强,通过互联网发布或者获取创业教育信息的能力较薄弱,掌握的信息渠道和平台较为单一,不能及时得到创业教育培训的资源。

六、农民工创业教育组织方式

农民工创业教育模式多为"理论学习和实践学习"的融合。理论学习帮助参与创业的农民工打牢理论基础,在农业生产经营中更具科学性和系统性。实践学习有利于将理论知识更好地与实际生产相结合。研究人员立足于访谈材料,重新审视和梳理原始材料,从以往研究对象的原始语句中提炼出新概念。农民工创业教育组织方式的编码见表5-12。

表5-12 农民工创业教育组织方式初始编码

典型原始材料	初始概念		范畴
培训时间安排上有一定问题,时间在4、5月和9、10月	时间是否固定	时间维度	农民工创业教育组织方式
培训时长上3~7天的培训参与度高,但有一定局限性,内容讲不完。有的培训要15天,过长	时间长短		
有时间就去,在上班的时候一般是不会去的	时间性质		
很少自己学习,一般都是集中一起上课	集中还是分散	空间维度	
现在网络发达了,线上上课也很方便了	线上还是线下		
有时候还会带我们现场实战,不只是课堂理论	现场还是课堂		

从时间维度(时间是否固定、时间长短、时间性质)以及空间维度(对象是否集中、教学地点、教学方式)把农民工创业教育的组织方式分为五类,分别为短期集中培训、周末专题培训、网络远程教育、研讨会或交流会、农民夜校,其具体特征如下:

(一)短期集中培训

短期集中培训针对的对象是多元的,方式一般是线上和线下学习相结合、现场演示和课堂教学相结合。时间都安排在4、5月和9、10月,相对固定,使得农民工可以根据自身情况,灵活安排上课时间。短期集中培训也有缺点,主要在于培训时间太短,针对性不强,培训的高技能复合型人才少。短期集中培训的特征如表5-13所示。

表 5－13　短期集中培训的特征

时间维度	时间固定	√		√	√	√	√
	时间不固定						
	长期						
	短期	√		√	√	√	√
	工作时间						
	闲暇时间	√		√	√	√	√
		对象集中	对象分散	线上学习	线下学习	现场演示	课堂教学
		空间维度					

（二）周末专题培训

周末专题培训是利用农民工周末闲暇时间，以线下学习为主，线上学习为辅，现场演示和课堂教学相结合的方式，对创业中某些突出的问题进行解答。这种方式针对的人群是固定的，其解决的问题针对性较强，不利于复合型人才的培养。周末专题培训的特征如表 5－14 所示。

表 5－14　周末专题培训的特征

时间维度	时间固定	√		√	√	√	√
	时间不固定						
	长期						
	短期	√		√	√	√	√
	工作时间						
	闲暇时间	√		√	√	√	√
		对象集中	对象分散	线上学习	线下学习	现场演示	课堂教学
		空间维度					

（三）网络远程教育

由于农民工上课的时间不固定，网络远程教育有明显的优势，可以利用闲暇的时间进行长期的线上教学，并不耽误农民工平常的工作时间。其针对的对象也是分散的，教学时间有可能是固定也可能是不固定的，这就使得农民工可以自由灵活地上课。但是网络远程教育的也有明显的缺点，其特点决定了远程学习以自学为主，学习时间与教师、同学是分离的，没有教室，更没有课堂的氛围，这在一定程度上降低了学习的效率。网络远程教育的特征如表 5-15 所示。

表 5-15　网络远程教育的特征

		对象集中	对象分散	线上学习	线下学习	现场演示	课堂教学
时间维度	时间固定		✓	✓			✓
	时间不固定		✓	✓			✓
	长期		✓				✓
	短期						
	工作时间						
	闲暇时间		✓	✓			✓
		空间维度					

（四）研讨会或交流会

研讨会主要是人们针对某一行业问题集中在某个场地进行研究、讨论交流的会议。以往研讨会以线下现场演示为主，随着互联网的普及，出现了网上研讨会。网上研讨会既能为主办方节约成本，又能让更多用户和潜在用户获得研讨会内容。但是由于研讨会针对人群特殊，专业性较强，因此研讨会通常由行业人士参加，针对面较窄。研讨会或交流会的特征如表 5-16 所示。

表5－16　研讨会或交流会的特征

时间维度		对象集中	对象分散	线上学习	线下学习	现场演示	课堂教学
	时间固定						
	时间不固定		✓	✓	✓	✓	
	长期						
	短期		✓	✓	✓	✓	
	工作时间		✓	✓	✓	✓	
	闲暇时间		✓	✓			
		\multicolumn{6}{c}{空间维度}					

（五）农民夜校

农民夜校是指利用晚上、非工作的闲暇时间进行教育的一种教学模式。其针对的对象是分散的，教学时间固定，采用线上线下、现场演示和课堂教学相结合的学习方式。其缺点在于，由于学习时间安排在晚上，白天劳作、晚上学习，效率可能会受到影响。农民夜校的特征如表5－17所示。

表5－17　农民夜校的特征

时间维度		对象集中	对象分散	线上学习	线下学习	现场演示	课堂教学
	时间固定		✓	✓	✓	✓	✓
	时间不固定						
	长期		✓	✓	✓	✓	✓
	短期						
	工作时间						
	闲暇时间		✓	✓	✓	✓	✓

空间维度

七、农民创业教育系统框架

通过以上分析可以发现，农民工创业教育主体、农民工创业教育内容以及农民工创业教育目标构成了农民工创业教育系统解构的核心线索。农民工创业教育系统如图5－2所示。

农民工创业教育主体包括购买主体、承接主体以及使用主体。购买主体作为整个农民工创业教育传统意义上的发起者，这一角色通常是政府；企业、协会、高校等单位担任承接主体；创业教育使用主体是创业教育培训的参与者，是培训的直接对象，主要是农民工。此外，在国家政策大方针的引导下，也有一批高校毕业生、退伍军人等加入农业工作者的队伍，使得培训的使用主体逐渐多元化。政府通过购买服务交由企业、协会、高校等组织对不同的群体进行培训。与传统的学校教育或在线教育不同，时间和空间是农民工创业教育组织过程中需要重点考虑的因素。考虑到时间维度和空间维度的不同要素，组合形成了农民工创业教育的组织方式，主要分为以下几种方式：短期集中培训、周末专题培训、网络远程教育、交流会或研讨会、农民夜校等。

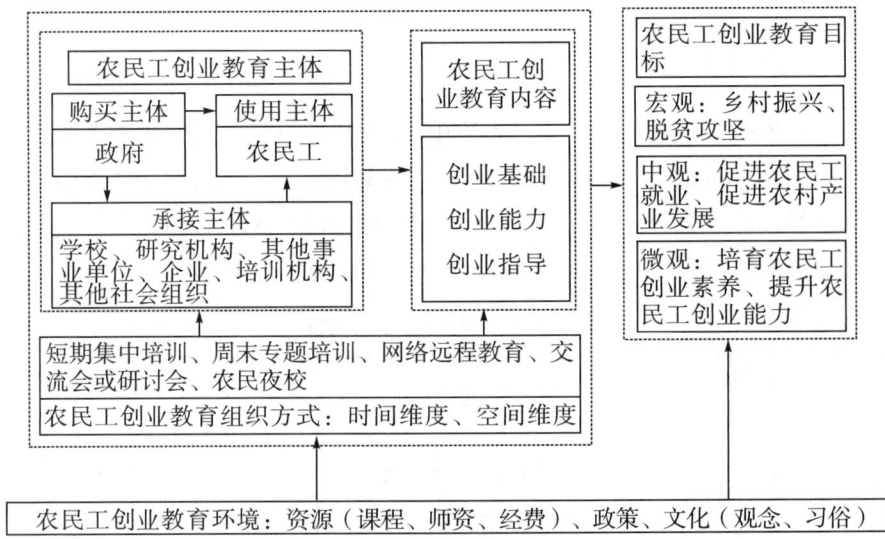

图5-2 农民工创业教育系统框架图

创业教育的内容是创业教育最重要的组成部分。创业教育的内容分为三个阶段：创业教育初始阶段注重创业的基础知识以及思维的培育，激发农民工创业的热情；创业教育中期重点则放在创业能力的培养上，例如对政策的解读、市场信息的挖掘以及必要的技能培训，旨在提高农民工的创业经营能力；创业教育后期不再是知识输入，而是转向以"问题"为主的创业一对一指导及跟踪服务。创业教育的内容随创业教育的阶段不同，侧重点也会变化，内容应以农民工创业需求为导向，尽可能满足参训人员对创业教育培训的各项需求，同时创业教育培训也在政策的引导下从一个单独的农业项目向正规高职教育专业转变，培养出一批高素质、有技术、会管理的新时代创业者。

农民工创业教育的目标，不仅仅是为了培养出一批高素质、懂技术、会管理的新时代创业者，根据不同的目标主体（政府、行业、个人），可将农民工创业教育目标分为宏观、中观、微观三个层次。宏观层面，新生代农民工创业群体是实现城乡多元化融合发展和乡村振兴战略的生力军，农民工创业教育是响应乡村振兴国家战略的重要体现。中观层面，通过开展农民工创业教育，提高他们创业的积极性。农民工通过在外务工，形成了创业资金、技术、信息、人力资本等方面的优势，与家乡自然地理、创业政策、创业教育等优势资源整合，能带动当地经济社会发展。同时，农民工返乡创办的企业大多属于劳动密集型产业，可吸纳大量的农民就业，成为以工促农、以城带乡的有效载体。微观层面，通过农民工创业教育，培育农民工的创业素养以及有价值的思维方式，在一定程度上也体现了政府对农民工精神文化生活的关怀。

第二节　农民工创业教育系统动力学分析

一、系统动力学方法及可行性分析

　　系统动力学发源于20世纪50年代，由麻省理工学院的福瑞斯特教授首次提出，是一门分析研究信息反馈系统、认识与解决系统问题的学科。系统动力学采用系统综合推理的方法解决复杂系统问题，然后建立模型，运用计算机进行仿真，得出结论。运用系统动力学分析系统，能够全面识别系统问题，提出有针对性的建议。系统动力学为人们理解复杂系统的结构和行为特征提供了一个视角，也提供了一个规范的计算机建模与仿真工具，可使用该工具通过模拟仿真分析农民工创业教育系统的内在机理。

　　本节通过对农民工创业教育系统的解构，运用系统动力学理论工具，建立政府、高校、培训机构三方作用于农民工创业教育的系统，分析各系统之间的关系以及边界，建立农民工创业教育因果关系流图，并在此基础上构建农民工创业教育系统动力学模型；旨在通过仿真分析了解三方对于农民工创业教育的作用效果，以此确定农民工创业教育系统中的关键因素，为农民工创业教育支撑体系中的"支撑"要素寻求依据。

　　农民工创业教育是由购买主体、承接主体和使用主体三方共同参与的闭环反馈系统，如图5-3所示。政府以购买服务的方式，通过培训机构或高校等向农民工提供创业教育服务，或由相关政府部门直接提供创业教育服务；农民工在接受了创业培训后,创业素养得到提升,从而提高了新创企业绩效,分别在"师资、资源、实践平台"等方面对承接主体形成反馈,在新创企业税收及社会效益方面对购买主体形成反馈。

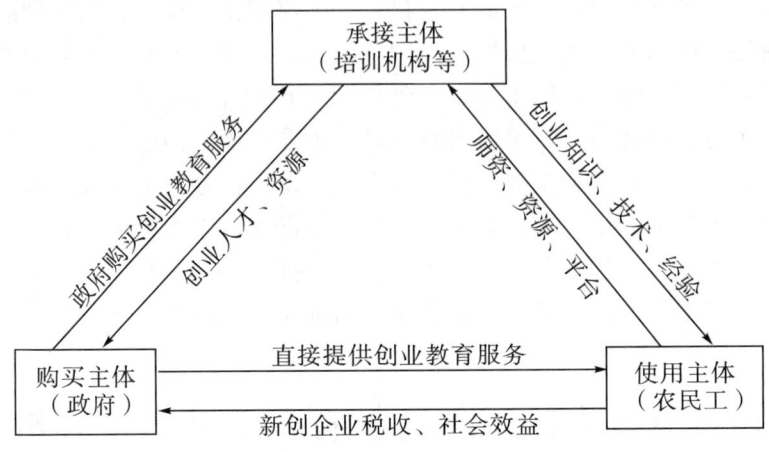

图 5-3 农民工创业教育理论模型

通过对农民工创业教育培训理论模型进行分析,构建农民工创业教育的动力系统,对作用于政府、高校、培训机构的影响因素进行分析,确定各个子系统的边界,如表 5-18 所示。

表 5-18 农民工创业教育系统边界

系统大类	一级变量	二级变量
高校农民工创业教育培训子系统	师资力量	专任教师数量 成果转化率 专著数量 专利数量 论文数量
	农民工创业者基础能力	创新能力 创业知识和技能
	高校资本	办学资本

续表

系统大类	一级变量	二级变量
培训机构农民工创业教育培训子系统	农民工创业教育影响力	创业成功率 创业者社会资本增长量 创业者人力资本增长量
	创业教育能力	教师数量 参与创业量 技术水平
	设备设施	图书馆面积 实训基地
	培训机构资本	办学资本
政府农民工创业教育培训扶持子系统	政府投入	资金投入量 政策支持

二、建立系统动力学模型

政府是农民工创业教育的推动力量，是农民工创业教育重要影响因素，而影响政府投入的因素是政府的资金投入力度和政策支持程度。培训机构是农民工创业教育的中坚力量，是重要组成部分，对于农民工创业教育起着不可替代的作用。影响培训机构创业教育效果的因素是创业教育影响力、创业教育能力、培训机构资本以及设备设施。高校主要在两方面参与农民工创业教育体系，一是专业教师与培训机构合作对农民工创业者进行指导和教育培训，二是直接培训。影响高校的培养能力的因素主要就是师资力量和创业者基本创业能力。通过此分析构建的关于农民工创业教育系统的因果关系如图5-4所示。

由因果关系图可以得出以下的关于农民工创业教育系统的主要反馈回路：

反馈回路一：政府投入→培训机构培养实力→农民工创业教育综合效用→政府重视程度→政府资金投入/政策支持力度→政府投入

反馈回路二：政府投入→高校农民工创业教育培养能力→农民工创业教育综合效用→政府重视程度→政府资金投入/政策支持力度→政府投入

反馈回路三：政府投入→培训机构培养实力→农民工创业教育综合效用→创业者人力资本/创业者社会资本/创业者成功率→企业实力→政府税收→政府投入

反馈回路四：政府投入→高校农民工创业教育培养能力→农民工创业教育综合效用→创业者人力资本/创业者社会资本/创业者成功率→企业实力→政府

税收→政府投入

　　反馈回路五：高校、培训机构合作投入→高校、培训机构合作培养能力→农民工创业教育综合效用→培训机构培养实力→高校、培训机构合作投入

　　反馈回路六：高校、培训机构合作投入→高校、培训机构合作培养能力→农民工创业教育综合效用→高校农民工创业教育培养能力→高校、培训机构合作投入

　　反馈回路七：高校、培训机构合作投入→高校、培训机构合作培养能力→教师水平/设备设施→培训机构培养实力→高校、培训机构合作投入

　　反馈回路八：高校、培训机构合作投入→高校、培训机构合作培养能力→农民工创业基础/师资力量/校园建设→高校农民工创业教育培养能力→高校、培训机构合作投入

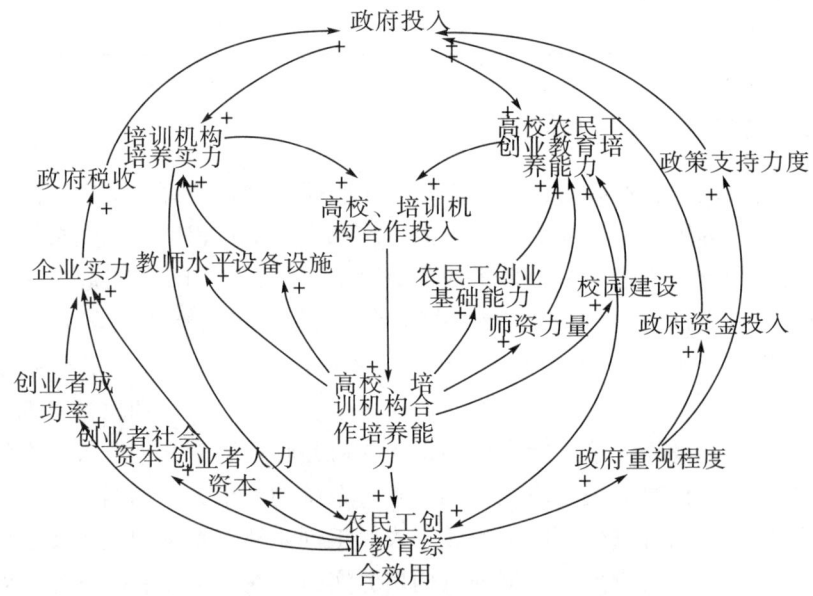

图 5-4　农民工创业教育因果关系

　　通过对上面农民工创业教育因果关系图进行分析和区分变量性质，用更加直观的符号刻画系统要素之间的逻辑关系，明确系统的反馈形式和控制规律。采用系统动力学专业软件 Vensim 绘制农民工创业教育的系统动力学图，如图 5-5 所示。

第五章
农民工创业教育系统解构

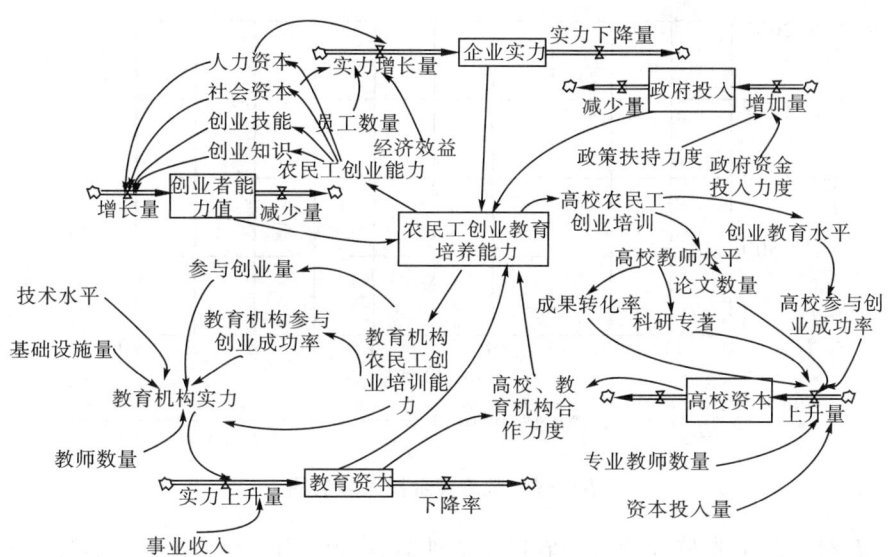

图 5-5 系统动力学图

三、仿真及结果分析

依据系统动力学的仿真分析方法，结合现阶段农民工创业教育的实际情况，分析系统之间的实质关系，通过系统仿真，得到农民工创业教育的发展趋势以及怎样提高农民工创业教育的绩效，根据仿真的具体结果给出一些建议和决策。

本研究选择 Vensim 作为系统动力学的仿真软件，Vensim 软件具有强大的图像处理能力，通过软件内部处理，能够对构建的系统动力学模型进行刻画，通过对各个相关主题设置约束条件，得到仿真数据。

本系统通过对未来 10 年的农民工创业教育发展进程进行仿真，并将相应的约束条件加入模型，通过仿真得到相关结果，将仿真得到的数值与实际数值进行对比，根据对比结果进行模型调整，使模型的构建更加合理。

政府作为农民工创业教育的辅助和推动力量，虽然不直接参与农民工创业教育培训，但资金的投入和政策的变化却是整个系统的发起点。在研究政府资金投入对农民工创业教育的影响时，只改变某一个参数的值，其他的参数保持不变。模型的步长设置为 1 年，时间为 10 年，将政府投入比例分别增加和减少 10%，得到如图 5-6 所示的创业者能力值变化的三条曲线。由图可以发现，加大政府投入对于农民工创业教育的变化是显著的，但减少政府投入对于农民工创业教育变化相对不太明显。

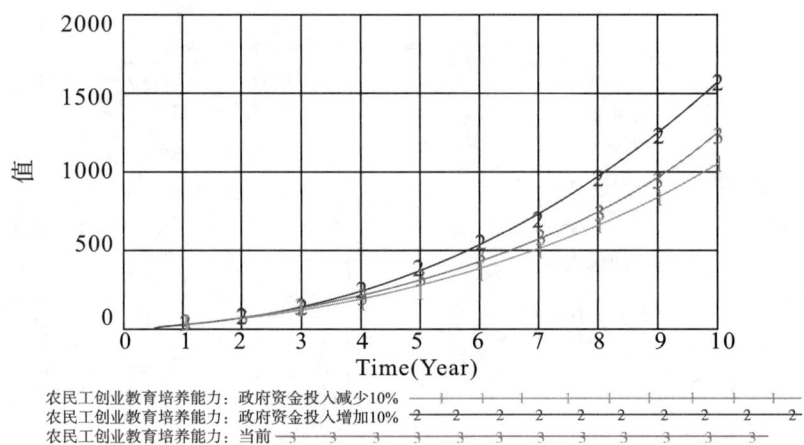

图 5-6 政府资金投入趋势图

而对于政策支持程度对于农民工创业教育的影响,将政策支持程度分别增加和减少10%,其他参数保持不变,由图5-7得出,政策对于农民工创业教育的影响是显著的,支持程度的高低对农民工创业教育培养能力有较大的影响。如图5-6、图5-7所示,政策的支持对农民工创业教育的影响高于资金投入,据此可以得出政府在农民工创业教育中应该扮演什么样的角色。

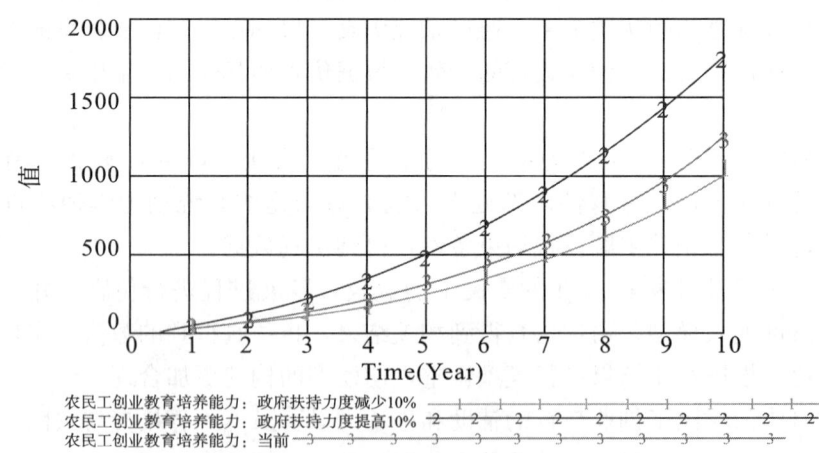

图 5-7 政策扶持力度趋势图

高校有着更好的师资力量,培训机构对农民工创业教育更有针对性,两者的合作是系统重要的一环。在研究高校、培训机构合作力度对于农民工创业教育的影响时,同样只改变某一个参数,其他参数不变。将两者的合作力度分别提高10%和降低10%,得到如图5-8所示的创业者能力值变化的三条曲线。

可见，提高和降低两者合作力度，对于创业者能力值影响都是明显的。

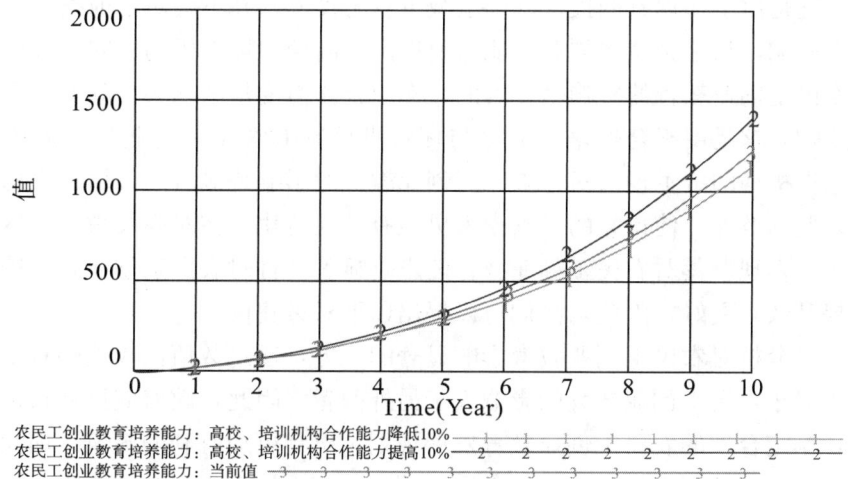

图 5-8　高校、培训机构合作力度趋势图

培训机构直接对农民工创业者进行培训和辅导，并在培训之后进行跟踪指导，具有针对性。而高校在农民工创业教育中不仅提供智力支持，还提供科研支持，帮助农民工解决技术难题。在研究培训机构投入和高校对于农民工创业教育的影响时，同样只改变某一个参数，其他参数不变。将培训机构投入和高校投入分别提高10%，得到如图5-9所示的创业者能力值变化的三条曲线。可见，提高投入对于创业者能力值影响都是明显的。

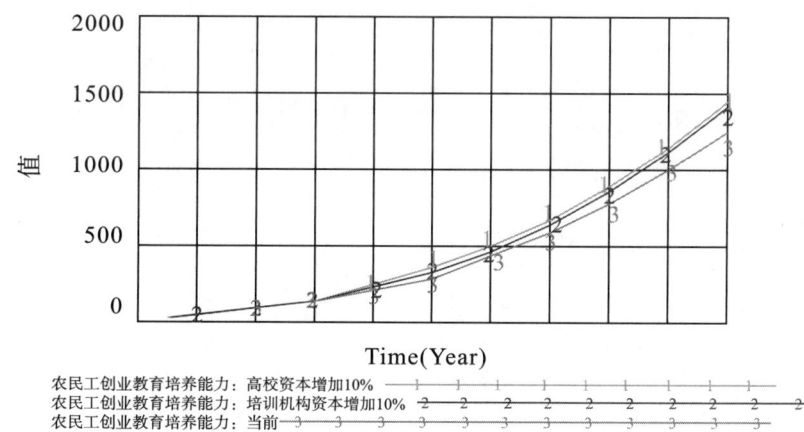

图 5-9　高校、培训机构资金投入趋势图

通过以上的仿真分析可知，在农民工创业教育的动力来源中，政府投入对于农民工创业教育的贡献显著，而减少政府投入对农业工创业教育的影响并不明显。这是由于在现有的投入基础上减少一定投入，并不会对之前投入产生的效果有影响，只是会减缓创业者能力值提高。高校和培训机构之间的合作力度对于农民工创业教育的影响是显著的，无论合作力度是增加还是降低都产生了较大影响，这是由于合作培养的好与坏将直接影响农民工创业教育的培养能力。培训机构的资本投入对于农民工创业教育的影响是显著的，培训机构的针对性以及高效性，使得它的资本投入更能有效地转化。在对高校教育资本投入的分析中发现，其对农民工创业教育的影响显著，且对农民工创业教育培养能力的提升效果更好。因此，我们可以提出以下对策建议：

一是分析对农民工创业教育影响显著的三方，通过数值比较能够看出，政府投入对于农民工创业教育的影响大于另外两者。因此，政府应该从长远角度出发，制定合理的农民工创业教育发展规划，出台更加有利的政策，加大对农民工创业教育的资金投入，成为农民工创业教育更加有力的推动者。

二是高校、培训机构合作力度对于农民工创业教育的影响是显著的，因此应该加大高校和培训机构的合作力度。创业者的创业方向是多种多样的，应该推动多种类型的高校和培训机构进行合作。同时应该利用两方各自的优势和资源，进行更加广泛的合作。

三是从仿真结果能够看出，无论是哪个因素，其在前期对农民工创业教育的影响都是较低的，因此，在对其进行投入和培养时要循序渐进，在更加稳妥的情况下有效地进行教育培养。

第六章 创业教育体系国际比较与经验借鉴

西方发达国家创业教育起步较早，已建立了比较完备的创业教育体系。本章将通过对国际创业教育发展历程的梳理，以及对美国、日本、德国和以色列四国创业教育支撑体系的比较分析，为我国农民工创业教育支撑体系的建立提供借鉴和参考。

第一节 国际创业教育发展概述

一、国际创业教育发展历程

创业教育起源于20世纪40年代美国哈佛大学商学院开设的第一门创业课程，经过70多年的发展，创业教育已基本建立起完善的教育体系和理念，涵盖了教育各个阶段的各种教育类型，政府也制定了相关法律将其规范化和制度化。创业教育在美国取得巨大成功之后引起了很多国家的重视，越来越多的国家将创业教育作为国家发展的一项重要内容。

国际创业教育发展至今，主要经历了如下几个阶段：

一是创业教育萌芽期（20世纪40年代—70年代）。此阶段的创业教育由于没有引起太多的关注，只在部分高校开展，还未成体系。

二是创业教育成长期（20世纪80年代—20世纪末）。20世纪70年代，很多大公司无法适应市场变化，而以科技创新为核心、运行机制灵活的小公司却迅速发展起来。中小型企业以创新为核心的发展模式对整个社会产生了深远影响。越来越多的人开始关注创业，关注创业教育。1989年11月，联合国教科文组织在北京召开"面向21世纪教育国际研讨会"，并在报告《21世纪的教育哲学》中提出"事业心和开拓心的教育"概念（后被译成"创业教育"），将创业能力视为人们应掌握的"第三本教育护照"，促使越来越多的国家开始重视创业教育，创业教育开始走向系统化和标准化。

三是创业教育科学发展期（21世纪初至今）。由于创业教育逐渐受到重视，越来越多的国家将创业教育纳入国民教育体系当中。21世纪以来，欧洲很多国家相继出台创业教育相关的政策、制度以及法规（如表6-1所示），并逐步完善创业教育支撑体系以及教育课程内容，创业教育逐渐走向大众化。此阶段，国际上关于创业教育的竞争日趋激烈，创业教育相关课程的开设数量迅速增长，各种与创业相关的活动得到全面发展。创新教育体系仍在不断构建与完善，包括中国在内的很多国家将创新作为社会发展的驱动力，创业教育迎来黄金发展期。

表6-1 欧盟创业教育代表性政策梳理

年份	政策	内容
2003	《欧洲创业绿皮书》	首个欧洲创业行动计划，将教育作为实现创业进程的关键要素
2006	《欧洲创业教育奥斯陆议程》	提出一系列在欧盟层面、国家层面、区域层面和机构层面通过系统和有效的行动促进创业教育的相关措施
2006	《关于终身学习关键能力的建议》	将"创新和创业精神"作为八大关键能力之一
2006	《欧洲创业教育：通过教育和学习加强创业精神培养》	提出在初等、中等、高等教育中广泛实施创业教育
2008	《高校创业教育：尤其在非商学领域》	提出促进高校非商学领域创业教育
2010	《迈向更大合作和一致性的创业教育》	研究创业教育的系统性战略并提出发展模式
2011	《使教师成为一个关键的成功要素》	提出提升创业教师师资水平
2012	《创业2020行动计划》	明确将创业教育作为支撑欧洲创业发展的三大支柱之一
2012	《欧洲学校中的创业教育》	分析将创业教育融入义务教育的政策和实践
2014	《教育专题工作小组总结报告》	提出欧洲国家和区域政府开发与实施创业教育战略的指导方案

续表

年份	政策	内容
2015	《创业教育：成功之路》	有关创业教育策略和措施影响的经验汇编
	《欧洲议会关于通过教育培训促进青年创业的方案》	呼吁欧洲理事会支持创业技能开发，号召成员国家投入资金支持创业技能发展

资料来源：European Commission/EACEA/Eurydice：Entrepreneurship Education at School in Europe，Publications Office of the European Union，2016.

二、国际创业教育发展战略

经历几十年的发展，创业教育逐渐从学校教育延伸到社会教育领域，由强调正式教育转向兼顾"正式教育与非正式教育"，未来国家创业教育的发展趋势将呈现如下特征。

（一）创业教育战略化

创业教育的战略化是指不再将创业教育单纯看作教育的一部分，而将它视为促进社会发展进步的一大举措，纳入国家创新体系。如今，世界上很多国家将创业作为推动社会发展的重要战略，部分国家创业教育实施年份如表6-2所示。欧洲创业教育战略实施时间表也凸显这一现象，从创业精神、创业师资、绿色创业等多个层面推进创业教育向纵深发展。欧洲部分国家的创业教育涉及面广，不仅涉及师资、培训，还包括终身学习以及非商领域等多个层面，反映出欧洲在创业教育中的领先地位，其战略与政策的制定和实施给其他国家和组织提供了很好的借鉴。美国也将创业教育作为国家发展的重要推动力，分别发布了《美国创业与创新计划》《全美创新与创业型大学发展报告》《全美创业教育的国家战略》等一系列发展规划，全面构建美国创业教育生态体系，推动经济复苏。

表6-2 部分国家创业教育战略实施年份

国家	创业教育战略实施年份	国家	创业教育战略实施年份	国家	创业教育战略实施年份
比利时	2007—2015	荷兰	2007—2012	英国—苏格兰	2003—2011
丹麦	2009—2012	芬兰	2009—2015	波黑	2012—2015
爱沙尼亚	2010—2015	瑞典	2009—2016	黑山共和国	2008—2015
克罗地亚	2010—2014	英国—威尔士	2004—2015	马其顿共和国	2014—2015
立陶宛	2004—2012	英国—北爱尔兰	2003—2005	挪威	2004—2015

资料来源：European Commission/EACEA/Eurydice：Entrepreneurship Education at School in Europe，Publications Office of the European Union，2016.

（二）创业教育全球化

经济全球化发展至今，图与国之间的联系日益密切，已成为"你中有我、我中有你"的命运共同体，创业教育成为世界各国共同面对的一个课题，创业教育全球化已成必然趋势。创业教育的全球化，一方面是指世界各国寻求创业教育合作，谋求共同发展，其合作大致分为三类：课题、师资、课程。2015年，联合国教科文组织亚太教育局发起创业教育联盟，推动了世界各国在创业教育课题研究的深入合作。师资短缺是世界各国创业教育面临的共同难题，而创业教育的国际合作，使各国得以取长补短，满足创业教育师资的需求。与此同时，创业教育课程的国际合作将促进各国优秀的创业教育课程相互借鉴、相互发展，如麻省理工学院、百森商学院等国际上知名的创业教育高校的课程在巴西、马来西亚、智利、墨西哥等多个国家被推广和使用。另一方面是指创业教育关注全球性创业机会，其全球化也会带来全球性的创业机会。

（三）创业教育终身化

在创业教育发展初期，大多学者认为创业教育的开展实施应该聚焦于青少年时期；随着对创业教育了解的深入，越来越多的学者认为创业教育应该贯穿整个人才培养过程。欧盟在《欧洲教育与培训2020战略》中提出将创业教育融入人才培养的各个阶段。美国创业教育联盟提出由基础认知阶段、能力意识阶段、创新应用阶段、创业实践阶段和成长阶段等五个阶段组成的创业终身学习模型，倡导创业教育阶段的前移与后续。培养创业教育终身化的思想将对整个创业教育的推进和持续改进产生很大的助推作用。

三、国际教育体系一般架构

《国际教育标准分类》(ISCED)是国际上普遍认可和广泛使用的教育分类方法,是由联合国教科文组织根据多个国家教育基本情况,联合多个国家及组织的专家共同制定的,是一个有助于按照国际商定的共同定义和概念对各类与政策相关的教育统计提出标准报告的框架,从而确保所产生的指标的国际可比性。其 2011 年修订版本中将教育分为普通/学术教育和职业/专业教育两种基本类型(如图 6-1 所示),体现出一种普通教育与职业教育既分工合作又互联互通的教育理念。其对教育和学习的定义及倾向以终身学习覆盖终身教育的思维,体现了先进的教育理念,对我国教育有借鉴意义。

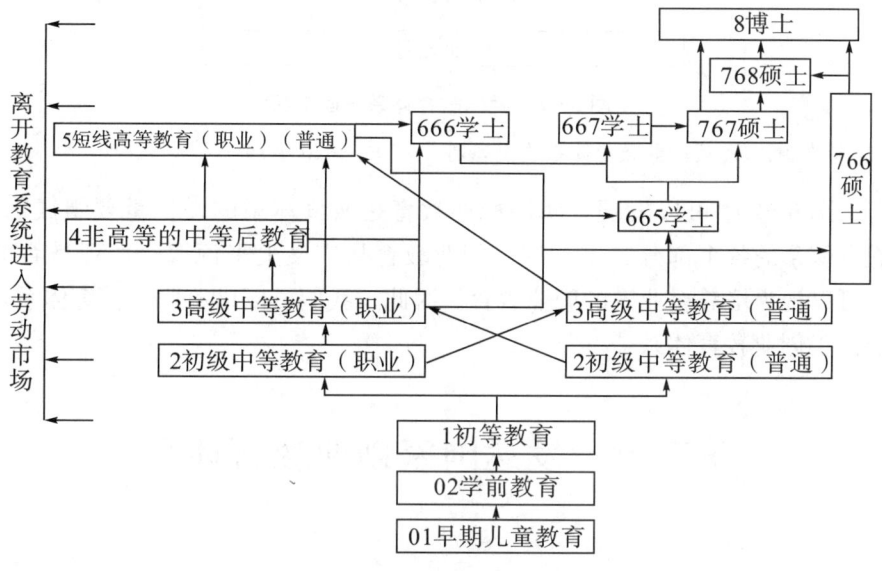

图 6-1 国际教育标准分类

资料来源:联合国教科文组织。

基于《国际教育标准分类》,我国制定了具有中国特色的教育体系一般框架(如图 6-2 所示)。

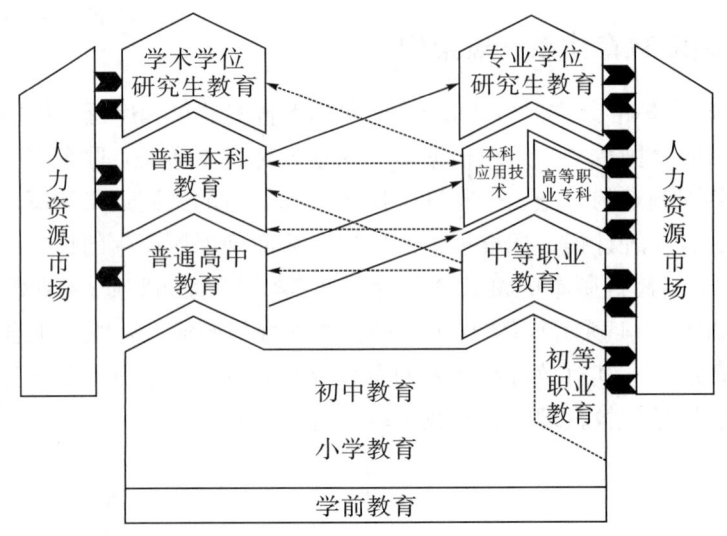

图 6-2 我国教育体系一般框架

资料来源:《现代职业教育体系建设规划(2014—2020 年)》。

从图 6-2 中可以发现,我国职业教育是教育体系的一个重要组成部分,与教育体系的各个部分紧密相连。创业教育从广义上来说属于职业教育的一种,可以视为培养企业家的职业教育。因此,我们可以借鉴职业教育体系来构建农民工创业教育体系。

第二节 发达国家创业教育体系

一、美国创业教育体系

(一)美国创业教育发展概述

美国的创业教育起步较早,其兴起可以追溯到 1876 年。哈佛大学商学院的迈斯(Mace)教授于 1947 年在哈佛大学开设了第一门创业课程,他也成为美国创业教育的先驱。随着经济的周期性变化,美国各界对于教育和经济关系的认识也在逐渐加深,而美国的创业教育正是诞生于这些"认识"之中。

20 世纪五六十年代,美国正处于大工业化时代,经济空前繁荣,创办企业并没有受到重视,创业教育缺乏成长的社会基础。1971 年,南加州大学率先开设了创业方面的 MBA 课程，并于 1972 年开设了创业方面的本科专业。20 世纪 70 年代末，美国出现所谓的"教育通货膨胀"，教育面临危机，受过教育的劳动者整体上供大于求，使得他们的教育投资回报率下降。20 世纪 80 年代，美国决定实施教育改革，这个时期成为创业教育发展的重要阶段，300 多所大学开设了创业和小商业方面的课程。截至 2005 年，美国大约有 1600 所大学开设了 2200 门与创业有关的课程。

美国是世界上最发达的资本主义国家，创业所暗含的企业家精神与资本主义的价值观比较契合，这使美国成为全球发展创业教育最早的国家之一。它有着非常浓厚的创业氛围，是典型的创业型社会。美国经济也非常强调争取独立自由、创业自由以及追求经济上成功的权利。成熟的资本市场和完善的借贷体系以及发达的信息服务技术，使得风险投资理念深入人心。完备的市场体系创造出了良好的创业环境，从而提升了人们创业的意愿。目前，美国有 8 种创业教育计划，分别是 K-12 计划、Ph.D 计划、MBA 计划、社区学院计划、高等教育计划、创业中心计划、促进创业的非营利计划以及商业计划。这些创业教育计划成了美国创业教育体系中的重要组成部分。

（二）美国创业教育体系

我们总结和分析了美国的创业教育支撑体系，具体如图 6-3 所示，可以为构建农民工创业教育支撑体系提供一定的借鉴。

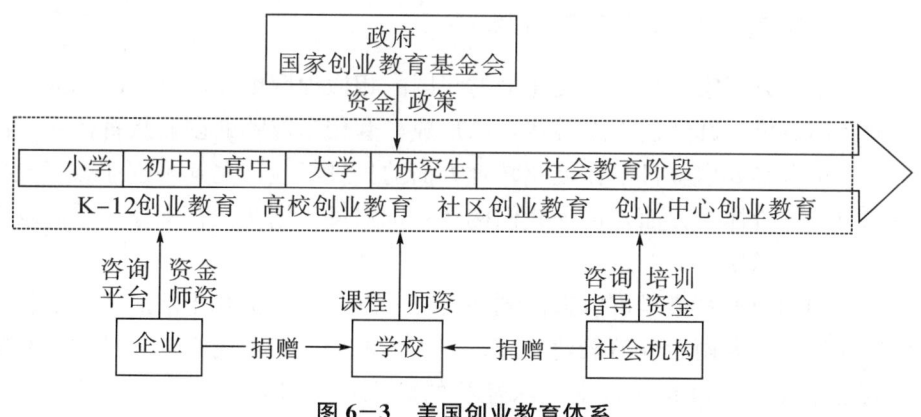

图 6-3 美国创业教育体系

可见，在美国的创业教育体系中，政府、企业、学校以及社会机构作为重要的主体，在推动社会教育方面各自担任重要的作用。体系的核心是受教育主体。创业人才并非孕育于封闭的大学象牙塔中，而是早在基础教育阶段就已经开始培育学生的创业意识，在基础教育阶段完成后还有社区创业教育。

在美国，创业教育计划的实施和发展，是通过联邦政府、州政府和地方政府、学术团体、非营利组织和其他私人机构等共同推动的，政府、社会与高校协作参与，有效调动，整合资源，满足各方需求。政府进行顶层设计，从政策和经费两个方面推动创业教育，其中比较重要的政策有："美国创新战略"从国家层面加大了对创新创业的投入与支持，"创业美国"计划从资金支持、创业指导、创新技术成果转化三个方面鼓励创新创业，"支持小企业发展的系列法律"保护中小企业的利益。同时美国创业教育具有雄厚的师资队伍，他们是创业教育的强力保障。这些教师既包括高校里的学术派，也包括作为客座教授的成功企业家们，创业教育的课程内容丰富、覆盖面广，课程有着很强的系统性、多样性和实践性，既保证了良好的理论基础，也有很好的实践操作技能。美国社会作为创业型社会，有着先进的创业教育理念和创业文化，也广泛支持创新创业教育，除了政府提供资金外，社会企业、社会机构等非政府组织也为创业教育的开展提供了经费、场地、指导等方面的支持。其创业教育体系中还有一个十分重要的外部支撑——市场。美国有着完善而系统的资本市场、金融市场和要素市场，这些市场作为保障体系，为创业者提供了良好的融资渠道，有效地提升了人们的创业意愿。

二、日本创业教育体系

（一）日本创业教育发展概述

相比于西方国家，日本在文化上与我国的相似程度更高。日本的创业教育发展较我国更早，其经过不断实践，已形成一套较为成熟的创业教育体系。因此，我们也有必要借鉴日本在创业教育方面的先进经验，尤其是创业教育支撑体系和绩效评价体系方面，可为我们构建我国农民工创业教育支撑体系和绩效评价体系提供借鉴。

日本的创业教育最早可以追溯到20世纪60年代，依托于战后经济的快速发展，大批企业如雨后春笋般建立起来，人们的创业需求高涨，这催生了日本早期的创业教育。90年代日本泡沫经济的破灭，使得其一直处于经济萎靡状态，此时的日本社会企业家精神缺失、创新能力不足，日本政府逐渐认识到激发年轻人创业精神的重要性。随后，教育改革国民会议上正式提出"创业家精神"的概念，侧重于培养学生的创业精神和创业素质，进一步推动了日本创业教育的进程。随着政府的大力推动，逐渐形成了一套政府、企业、高校的协同机制。

创业教育的目的在于培养创新型人才和创业型人才，人才培养通过人力资本增值的形式在经济中发挥作用，促进产业结构优化升级，推动经济发展。长期性的经济萧条迫使日本这一个原本寻求产业结构调整的经济大国在噩梦中惊醒，深刻意识到科技创新的重要性，意识到创业活动是推动新兴产业的形成与发展的要件。至此，日本开始对大学及科研院所投入大量资金，促进了高校和社会资源的融合，实现技术转移，把教学和企业密切结合起来。经过多年努力，日本最终完善形成了专属的创新创业体系——"产、官、学"联合。

（二）日本创业教育体系

日本创业教育可以分为学校创业教育和社会创业教育两个部分，经过多年的发展和演化，结合本国经济制度和发展特色，形成了"产、官、学"联合的创业教育发展模式，这也是日本创业教育最大的特点之一，它们相互联合、相互协同，共同推动和支撑日本创业教育的发展。日本创业教育体系如图6-4所示。

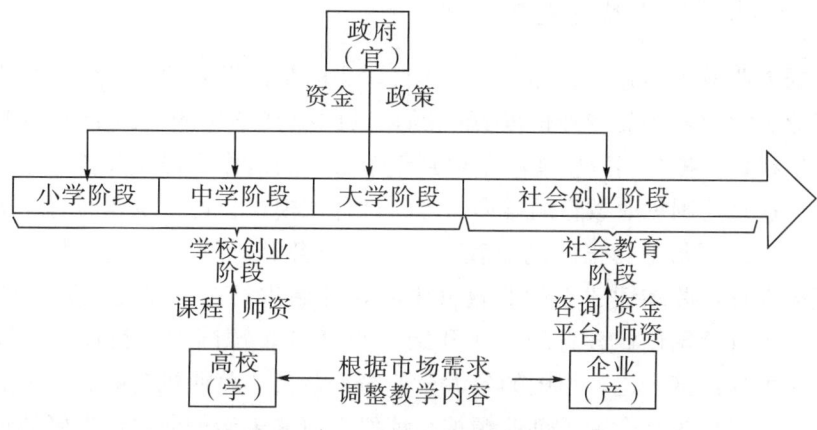

图6-4　日本创业教育体系

日本企业在创业教育系统中的主要作用是为学生提供经济和技术支持，日本许多大企业和中介机构都为日本大学创业教育做出了突出的贡献。企业除了向学校学生提供"实习基地"、为有潜力创业计划的学生提供"风险资金"以外，还会向学校提供人才需求意见，联合大学整改创业教育方案，以更加主动的方式出现在创业教育体系中。

日本政府在创业教育系统中主导其发展方向，扮演着指导者、推动者和协助者的角色。从 2003 年颁布"青年自立挑战计划促进青年创业"到 2018 年实施"全球顶级大学计划",政府持续进行教育改革,将创业教育不断提升至国家的高度。并在法律、资金和管理方面采取了一系列措施保证创业型企业的发展。比如在法律方面,颁布"中小企业新事业活动促进法""修改公司法"等一系列创业支持法律;在资金方面,通过直接资金、间接资金、信用补助等方式给予创业资金扶持;在管理方面,通过研讨会、经营支援体制和市场开拓等方式提高企业经营管理能力。

日本政府对学生开展连贯性的创业教育,从小学、中学、大学阶段,为其规划不同阶段的创业教育。在小学阶段主要是培育学生就业创业心理意识,启发学生对创业的认识;在中学阶段开展模拟创业活动;在大学阶段以前面阶段的创业教育知识为基础,各大学结合本校特色,开发开设适合自己的创业课程,创业教育课程更加灵活。此外,各高校还非常注重与中小学之间的校级合作,高校协同中小学成为创业教育的主体。

三、德国创业教育体系

(一)德国创业教育发展概述

德国创业教育起源于 20 世纪 50 年代,当时是以设立"模拟公司"的形式解决职业类学校经济类专业的实践问题,以此提高学生的实践能力和工作经验,学生在"模拟公司"中能够了解到整个公司的运作流程以及各个业务之间的关系。这是德国创业教育的雏形,当时这种"模拟公司"主要面对经济类专业的学生,还不属于真正的创业教育。70—80 年代,德国的一些大学开设了创业相关课程,并陆续建立创业教育中心,开始进行一些创业教育的研究工作,这标志着德国创业教育的正式开始。90 年代,德国创业教育得到较快发展。由于世界经济衰退,德国的各大企业纷纷裁员,就业机会减少,失业率节节攀升,各界认为社会缺乏创业精神,埋怨政府并未给创业提供良好的环境及平台,所以政府开始重视创业教育,将创业教育纳入大学教育体系,并在大学里设立创业教育学教授职位,投入大量资金支持创业教育,实施各类优惠政策,提供免费培训和咨询服务。进入 21 世纪后,政府更是加大对创业教育的扶持力度,社会对创业教育更加积极。很多大企业寻求与高校合作,透过产学合作,深化创业教育。同时,德国银行通过开展创业扶持计划,覆盖更广区域的创业教育。由此,德国基本形成系统完善、内容完整、管理科学、文化浓厚的创业教育体系。

由于德国工业生产者所具有严谨品格，德国创业教育具有不同于美国的"为自由服务"的理念，更加注重科研与创业实践的结合，形成很多产学合作的典型案例，创业也多以技术型创业为主。

（二）德国创业教育体系

德国创业教育最早是以创造就业、提供更多岗位为目标。在这一目标下，经过60多年的发展，德国已经形成从小学到大学的创业教育，涉及各个层面的创业课程，并通过创业教育的支撑法（如《中小企业促进法》《中小企业增加就业法》）来规范中小企业间的竞争，并利用政府部门对市场进行监管，不允许大企业兼并中小企业。政府通过开展免费的创业培训、创业咨询和创业服务等，为社会创造良好的文化与秩序，对整个社会的创业素质的提高起到引领作用。政府和金融研究机构合作，不仅在资金上给创业者支持，也在税收方面给创业企业提供较大的优惠，同时给学生提供创业机会，让大学生更早地接触创业实践，提升创业能力和创业经验。而且，德国的创业资金来源广泛，创业者可以在欧盟、联邦和地区不同层面申请资金，具体形式包括贷款、补贴、股权、担保等。为了保证资金使用的有效性及安全性，德国设立了很多资金托管公司，一方面能够实现资金使用的合理性，另一方面能方便资金的监督和管理。

德国创业教育非常重视校企合作，通过与企业的合作，借助企业的基础设施资源开展实践教学，能够提升学生创业素养，提高创业教育的成功率。另外，与企业的合作实现了学术研究、技术研究和创业发展的相互融合，提高了成果转化率。而高校同时通过师资、课程和平台的支持为学生提高良好的创业教育。在师资方面，德国高校不仅注重师资的自我培养，还聘请校外企业经理人、成功创业者等有过创业经历的知名人士作为学校客座教授，为学生讲解创业相关的知识与经验。在课程内容方面，德国各高校虽有所不同，但基本都囊括创业相关的知识和技能，形成了较为完善的课程培训体系。除此之外，德国大量的社会组织也加入助力创业教育发展当中，社会组织的服务不仅包括咨询和信息服务，还提供一些创业培训，为社会不同年龄阶段的人服务，形成较为完善的创业社会化服务体系，如图6-5所示。

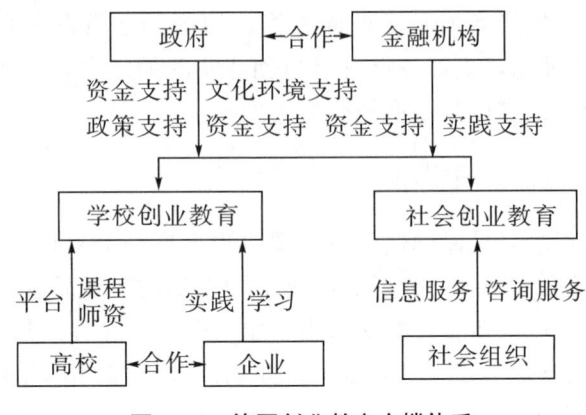

图 6-5 德国创业教育支撑体系

四、以色列创业教育体系

(一) 以色列创业教育发展概述

以色列虽面临资源匮乏、国土面积狭小、地缘政治复杂等不利条件,但其创新创业却处于世界领先水平。2017年7月世界知识产权组织在印度新德里发布全球创新指数(GII),以色列排名全球第十,被誉为"创新的国度""创业的国度"。以色列突出的创业能力来源于覆盖整个社会的创业教育体系,以色列创业教育不仅包括小学、中学、高校整个正规学校教育,还包括军队教育、业余教育等非正规学校教育,形成了针对不同年龄阶段的各个层面的创业教育。

以色列在中小学基础教育中非常重视培训学生的首创精神和动手能力,早在20世纪50年代,以色列就开始在中小学培养学生的创造性,在教育法当中规定教育目的之一就是实现其开创性。其举措包括三个方面:一是制定中小学课程标准。2000年,以色列教育部规定所有的中小学应通过科学教程将科学原理教给所有年龄段的学生,还要求加强课程设置、实验教学、教师培训之间的联系。二是注重中小学生的动手能力的锻炼。在教学过程中,学校结合实验室、科教中心等设施,将教学课程与实践结合,培养学生的动手实践能力;并设计适合不同年龄阶段的教学实验项目,培养学生的思辨能力。三是培养学生的好奇心和想象力。中小学通过建立科学教育中心,提供给学生不同类型的培养创造性的课程,学生根据喜好选择自己感兴趣的课程。这不仅可以培养学生的兴趣,还可以培养学生的想象力。

第六章
创业教育体系国际比较与经验借鉴

由于以色列是强制义务兵役制（男性 3 年，女性 2 年），所以它的教育不是从高中教育直接过渡到大学教育，但就是这种特殊性，使得以色列的创业教育得到很好的加强。以色列部队要求士兵具有创新性思维，在入伍期间，不仅对士兵进行军事训练，还进行高科技学习和科研素养培训。军队对其创新精神的培养主要有以下三个方面：一是培养责任感，将部队权力下放，赋予士兵更多的自主权，使其明白自身责任之重大，开拓其创新意识。二是培养敢于质疑权威的意识。军队等级制度淡化，常常出现军官与士兵互换位置、部队支持士兵对军官提出质疑等现象，军队无严格的等级制度养成了以色列人创业的性格。三是拉动式培养方式，即按照需求进行培养，要求士兵明白市场和军队的需要，据此进行自我学习的安排。

以色列大学将创新创业的培养渗透到教学中，不仅让学生了解了创新创业的规则和方法，又培养了学生不循规蹈矩，敢于打破规则的思维。另外，各个高校的创新创业中心提供创业实践，让更多的人了解创业过程。创新创业中心不仅提供课程培训和创业实践，还针对创业过程的不同阶段提供不同的服务。更重要的是，以色列大学能轻易在行业与学生之间建立联系，大学普遍有产业园和技术转移中心，一方面能使学生与产业零距离接触，更好地了解产业；另一方面能使学校的成果得到很好的转化。

（二）以色列创业教育体系

以色列创业教育体系通过其独特发展方式已经形成覆盖各个年龄阶段、满足各种需求的创业教育体系，如图 6-6 所示。

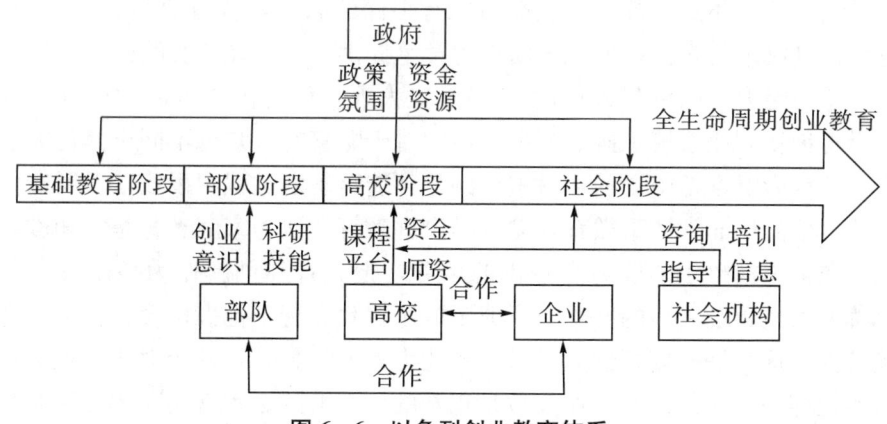

图 6-6 以色列创业教育体系

以色列政府在国家创新创业中起着很大的作用，通过建立"首席科学家"

制度，赋予首席科学家特殊权利，当某个项目或创业计划没有得到政府支持或风投的资助，而首席科学家认为这个项目可以投资时，他可以代替政府进行投资。政府使用各种方法打破固有思维模式，将创新意识融入血液中去。另外，政府建立了完善的创业教育政策法规。政策和法规是创业活动能够持续、有序前进的保障，以色列政府在20世纪70年代就出台了相关法律来保护创新创业，比如颁布磁石计划来促进产学研结合。后续修订了《鼓励产业研究开发法》，制定了《以色列科学院法》《专利法》《2000—2010年生物技术产业规划》《纳米技术：以色列的国家战略》《天使法》等一系列促进创新创业的政策法规、《工业研发鼓励法》《工业（税收）鼓励法》《资本投资鼓励法》等一些鼓励自主创业的法律。这些法律法规构成了促进创新创业的各个要素，使行业发展以及资本投资向技术、创新靠拢，进而使教育向技术、创新、创业方向发展。在资金方面，以色列政府更是"阔绰"，以色列的教育投入占GDP的8%～11%，居世界第一，远超美国等发达国家。在创新创业方面，以色列政府每次发现未来发展中可能需要的重大行业，都斥巨资对其进行投入。比如，在20世纪90年代发现计算机的未来，便投资中小学进行计算机教学，顺利成为人均计算机数量全球最高的国家；进入21世纪，投资信息工程、生物科学、软件工程等新兴产业。在保障机构方面，以色列成立了科技创新委员会，科技部部长担任主席，成员来自教育部、财政部、经济部、工贸部以及农业部等多个部门，共同组成国家科研项目和创新创业活动管理机构，统筹全国各方力量，全面推进科技创新和创业活动发展。另外成立创新局，不仅对创新创业进行投资管理，还对整个国家的创新创业进行监督，使其能够健康有序地发展。

  无论是部队还是高校，企业都与之有很深的联系，各行业与之建立平台，一方面促进成果的转化；另一方面将为学生提供一个很好的实践机会，提升学生的经验与能力。以色列人口的75%是犹太人，作为传统重商的民族，犹太人已经将创新创业根植于血液当中。他们对于财富的认知也不同于其他大多数民族，即认为财富是中立的，最重要的是创造财富的过程、手段以及财富使用的目的。他们还非常注重教育，尤其是家庭教育，认为家庭教育是一切教育的起源，非常重视孩子的能力和意识的培养，把教育和创新作为孩子发展的基石。犹太人经历过太多的磨难，形成了敢于冒险、善于把握机会、行动力强的民族特性，这恰好是创新创业最重要的能力素养。另外，社会对于创业失败有很大的包容心，他们认为创业失败是正常的，失败的过程就是积累经验和学习的过程，失败是重要的剩余价值。失败不可怕，能在失败中继续创新才是国家发展的动力。以色列这种浓厚的创业文化以及庞大的创业人群，衍生出很多社会服务机构。创新创业服务机构对创业者的服务可谓事无巨细，不仅对创业团队的管理、发展方向以及未来销售等方面进行服务，还对企业涉及的法律和税务进行指导，甚至提供寻找投资人的方法。整个以色列创业教育支撑体系非常完善，是小国家中为数不多的能够达到这种水平的国家。其创建了适合各个年龄阶段的创业教育，具有针对各种创业的服务机构，具备浓厚的创业文化、坚定的创新意识等，真可谓"创新的国度"。

第三节 创业教育体系的国际比较及启示

一、创业教育的国际比较

我们概述了美国、日本、德国和以色列四个国家的创业教育发展历程并浅析了四个国家的创业教育支撑体系，可以说四个国家无论是创业教育的发展历程还是创业教育支撑体系都既有共同点又有各自的特色。如表6-3所示，四个国家的创业教育中都有政府、高校和企业（美国通过市场体现）的参与，均需要政府政策的引导和政府提供的良好的制度环境，需要企业和高校的合作等。但是相比于相同点，我们更加需要关注这四个国家在创业教育上的不同之处。实际上，每个国家的创业教育特色和其本国的市场经济模式以及整个社会的文化环境、历史背景有着很强的相关性。

表6-3 美国、日本、德国和以色列的创业教育对比

维度	时间和承办机构	创业教育支撑体系的支撑实体	创业教育的特色
美国	20世纪40年代；高校	市场、政府、社会、高校	高校为主导，世界一流高校提供一流的创业教育，人们的创业行为由市场主导
日本	20世纪80年代；高校	政府、企业、高校	形成了政府主导，"产、官、学"联合的创业教育发展模式
德国	20世纪70年代；高校	政府、金融研究机构、高校、企业	政府主导创业教育；注重科研与创业实践的结合，其创业多以技术创业型为主

续表

维度	时间和承办机构	创业教育支撑体系的支撑实体	创业教育的特色
以色列	20世纪50年代;中小学	政府、部队、高校、企业、社会机构	政府主导创新创业的发展方向,"首席科学家"制度,注重创新创业的种族基因(犹太人),别具一格的部队创新创业教育

发达的市场经济体系、完善的制度环境、良好的社会创业文化氛围和世界一流的高校教育,为美国的创业教育提供了强大的支撑。美国之所以形成上述创业教育模式,其原因在于:首先,美国在第二次世界大战结束后奠定了在资本主义国家中的霸主地位,并且其地理区位优势明显,无强敌环伺,有利于自由市场经济的发展,形成了经济上的先发优势。其次,美国通过政策吸引了各个国家的大量人才,造就了世界一流大学的诞生,其教育理念和教育水平世界领先。最后,美国经济强调争取独立自由、创业自由以及追求经济上成功的权利的价值观深入人心。

日本在第二次世界大战落败后,能够迅速地再次发展起来,成为工业强国,离不开其政府主导型的市场经济发展模式。事实证明,政府主导型市场经济是后发国家发展经济并实施经济追赶的有效经济发展模式。政府主导型市场经济的一大特点便是产业规划。日本通过产业规划,结合本国自身的优势和劣势发展经济,走出了在一定阶段下适合本国的经济发展道路,在20世纪90年代成为世界第二大经济体。规划对于日本经济发展来说是必不可少的。创业教育所培养的创新型人才和创业型人才也是为发展不同产业服务的,而人才的培养(人力资本的形成)离不开学校尤其是高校。因此,日本便形成了"产、官、学"协同的创业教育发展模式。

德国同日本类似,同为第二次世界大战战败国,同样是在废墟中发展本国的经济,并且两国国民都以严谨著称。德国虽然也是政府主导型市场经济,但是其政府对市场的干预程度较日本更弱,而社会保障制度较日本更为完善,因而形成了德国的社会市场经济发展模式。德国以工业立国,无论是第二次世界大战前还是第二次世界大战后,德国始终保持着工业强国的称号,其工业水平始终处于世界前列。这使得德国的创业教育以技术型创业为主,在创业学习过程中主要强调科研与实践的结合。

不同于以上三个国家,以色列在第二次世界大战之后建国,在发展经济的同时还不得不面临强敌环伺的恶劣军事环境。在这种环境下发展经济,必须要由政府在一定程度上对经济发展做出计划安排。政府同市场共同参与资源的配置。由于国土狭小、人口不多并且面临着如此恶劣的军事环境，以色列不得不实行强制义务兵役制度。不过，强制义务兵役制度并未打断以色列国民从小就开始接受的创新创业的教育，以色列士兵不仅要进行军事训练，还要进行高科技学习和科研素养培训。这也是以色列在创业教育上与上述三个国家最大的不同之处。此外，犹太人的重商传统是以色列发展创业教育的文化土壤，也是以色列能够持续创新的重要原因之一。

二、对我国创业教育的启示

上述四个国家创业教育实践，对我国创业教育具有一定启示。

（一）构建完备有效的创业教育体系

完备有效的创业教育体系，是降低创业成本和风险的有效保障。在外层体系中，要有政府的政策支撑和资金支持、校企深度合作的产学合作机制、社会鼓励创业的文化环境支持。在内层体系中，要有先进的创业教育管理体系、强大的师资力量、丰富的课程内容和多样的课程形式。

（二）政府在创业教育中的作用至关重要

无论是自由市场的美国还是政府对市场干预力度更大的日本、德国和以色列，政府在创业教育中的作用都是不可或缺的。政府在创业教育中最普遍的作用在于积极地为创业教育中的各个主体提供政策和资金支持，如建立创业基地、设立专项资金、减免税收保等，为各个群体的创业提供保障。另外，我国市场经济类似于政府主导型市场经济，可以通过产业规划来间接促进不同行业的创业教育。

（三）重视中小学的创业教育，从小培养学生创新意识

上述四个国家都非常重视国民在中小学时期的创新创业教育，尤其是日本和以色列。在我国，高校的创业教育已经逐渐普及，但中小学的创业教育却未见雏形。在中小学时期植入创业教育，不仅可为大学期间进行专业化的创业教育打好基础，进而增加学生日后创业的动机与能力，同时能在成长期间帮助学生尽早建立创新意识，树立正确的人生观和价值观。在我国实现中小学创业教育，可以分三步。首先，鼓励中小学教师多接触创业教育；其次，加强中小学创业教育软硬件配套设施；最后，由大、中、小学校协同教育，如组织高校师

生定期去中小学开展创业讲座,举行中小学层面的创业计划大赛等,培育中小学学生创业思维。

(四)积极学习国际创新创业教育先进理念与资源

与上述四个国家创业教育的发展不同,我国创业教育起步晚,缺乏丰富的创新创业教育理念和完善的培养学生创新创业能力的方案。首先,由于我国创新创业环境尚不成熟,创业教育教材相对国外的教材明显缺乏先进性和实用性,所以对于一些先进、实用的教材我们要积极引进。其次,我国创新创业教育的师资大多属于兼职,师资力量薄弱,甚至有一些教师自身没有创业的经历,可能会导致对课程的解读程度不够。因此,培养专门的创新创业教育的师资也是完善我国创业教育体系的重点。最后,可以让教师更多地参与国外培训和国际交流活动,引入国际最前沿的创新创业教育成果。

第七章　农民工创业教育支撑体系

支撑体系是一个系统中起着基础性作用的子系统,农民工创业教育支撑体系就是在为农民工提供创业教育服务过程中起着支撑和决定性作用的要素及其关系。本章将建立农民工创业教育支撑体系理论模型,并具体分析农民工创业教育支撑体系中各个子系统及其关系。

第一节　农民工创业教育支撑体系概述

一、教育支撑体系的内涵

"支撑"意味某事物对另一事物基础性和决定性的力量或作用。体系是由若干个有关事务或意识相互联系而构成的一个整体,其目的在于夯实基础,改善薄弱环节,促进整体发展。在《韦伯斯特字典》中,"支撑"不仅仅指的是一种力量,更多的是指一种持续的行为或过程,这种行为或过程对事物起着扶持、帮助或者支撑的作用。"支撑体系"则指的是为个体或组织或事物提供物质和精神支撑的一种网络关系。从某种程度来讲,支撑体系可以看作一个资源池(Resource Pool),支持者的需求和选择为导向,被支持者具有选择性,从而强化被支持者。总的来看,支撑体系可为受支撑者提供丰富多样的资源网络,具有资源多样性、流动性强等特征。

近年来,学术界对支撑体系的研究越来越多,许多学者将支撑体系引入各个领域,以进行不同系统的支撑研究,从而构建或优化相应的系统。例如,施丽红(2010)在研究了美国创业教育支撑体系的特点后,针对我国实情,提出了"五个一"的创业教育建议。付宇卓等(2018)在"双创"的大背景下,基于上海交通大学的双创中心实体发展,构建了工程创新实践教育的支撑体系。彭圆、洪林(2019)分析了美、英、德、日等七个发达国家的双创教育,重点研究其外部支撑体系,提出了我国双创教育的外部支撑体系构建应立足国情,以科技为核心，保持可持续发展的建议。以下将借鉴学者们对于支撑体系的构建研究，将支撑体系定义为若干影响农民工创业教育的要素（件）相互联系、相互作用、相互制约而构成的具有特定功能、结构和作用的有机系统。

农民工创业教育支撑体系是指对促进农民工创业教育系统良性运行和协调发展，对于提高农民工创业教育服务质量具有重要支撑作用的教育资源、资金、管理服务等要素的总和。每个组成要素之间相互联系、相互作用，构成了多个具有特定功能和结构的子体系，各子体系相互作用形成了农民工创业教育支撑体系。

二、农民工创业教育支撑体系理论模型

农民工创业教育支撑体系分为人才支撑、资源支撑、科技支撑和管理支撑四个子系统，如图7-1所示。这四个支撑子系统属于内层支撑子系统，体系的核心是农民工，因为农民工在农民工创业教育体系中既是受教育主体又是创业主体。外围支撑主体有政府机构、相关企业、中介机构和培训机构，外围支撑实体是连接体系内部和环境之间的载体。

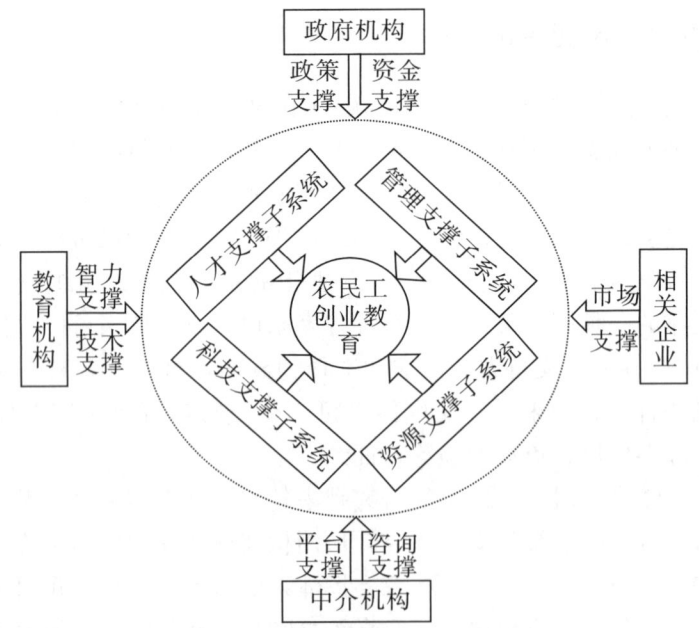

图7-1 农民工创业教育支撑体系模型

政府机构主要提供政策支撑和资金支撑；相关企业主要提供市场支撑；中介机构提供咨询服务和平台，即咨询支撑和平台支撑；培训机构有两层涵义，

第七章
农民工创业教育支撑体系

广义上除了支撑体系中的支撑实体还包括直接为农民工提供培训的机构,狭义上仅是提供智力支撑和技术支撑的外围支撑实体。社会性系统是一个开放性系统,需要不断地与周围环境进行物质、信息、能量的交换才能持续生存下去。农民工创业教育支撑体系的环境可以分为四个方面,即政治环境、经济环境、社会环境、文化环境。政治环境实际上就是政府的政策;经济环境包括微观经济环境和宏观经济环境,微观经济环境同企业相关,而宏观经济环境也同政府政策密切相关;社会环境主要是指社会对教育或者创业教育的认可程度;文化环境主要是指教育的传统文化。从政府出台的相关农民工创业政策来看,无论是中央政府还是地方政府都对农民工创业持支持的态度。对创业农民工关于参与创业教育培训的意愿的调查显示,56.88%的样本愿意参与培训。同时,对样本创业农民工关于"参加创业教育或培训有助于我创业成功"的说法认知程度调查显示,28%的样本对此说法非常同意,25%的样本同意此说法,这反映出大部分有意愿创业的农民工对创业教育及其作用的认可。

根据系统论的观点,要形成整体大于部分之和的系统,各个子系统之间必然要有相互联系和相互作用。因而农民工创业教育支撑体系中的四个子系统也就必然存在着相互作用和相互联系,这从逻辑上是说得通的。并且从四个子系统的内涵和外延来看,它们之间也存在着相互作用和相互联系。因此,无论在逻辑上还是在实际中,我们都有必要弄清楚四个子系统之间的相互作用和相互联系。各个子系统间的相互关系如图7-4所示。

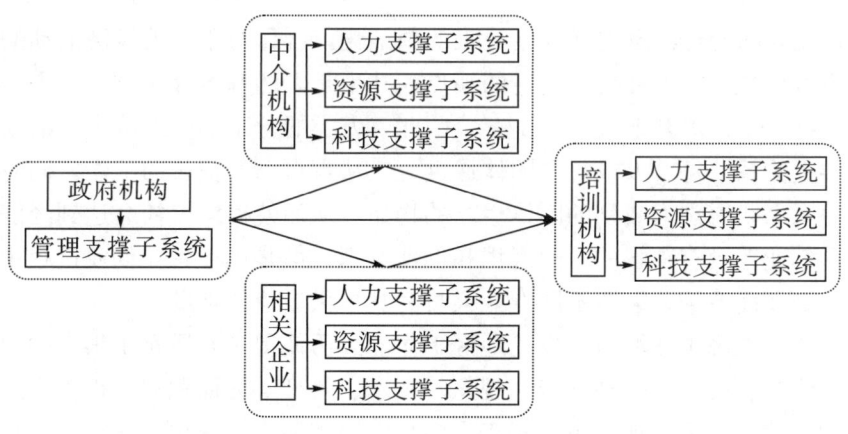

图7-4 子系统间的相互关系

内层支撑子系统直接作用于体系的核心。外层支撑实体通过与内层支撑子系统发生关系进而与体系的核心发生作用。人才支撑子系统为农民工创业教育提供师资力量，即为农民工创业教育提供科技人才和管理人才，这些人才主要来源于培训机构中的高校和科研院所（即培训机构提供的智力支撑和技术支撑）。管理支撑子系统主要指向的是政府机构通过政策支撑和资金支撑来实现对于农民工创业教育的政策支持和资金保障。资源支撑子系统是为农民工教育提供教育过程和创业过程中所需资源的子系统，包括基础性资源、平台资源和课程资源。科技支撑子系统则是为农民工创业教育体系提供科技支持的子系统，具体有科技合作创新、现代教育技术和信息服务体系等与现代教育相关的科技。政府机构与管理支撑子系统直接相关，通过与另外三个支撑主体联系而与人力支撑子系统、资源支撑子系统和科技支撑子系统间接相关。中介机构、相关企业和培训机构分别都和人力支撑子系统、资源支撑子系统和科技支撑子系统直接相关。

第二节　农民工创业教育支撑体系分析

一、人才支撑

人才是组织发展的重要支撑和关键因素，员工绩效的提高能更加有效地完成组织目标，在农民工创业教育中，人才支撑的必要性通过以下几个方面凸显出来。

首先，随着经济发展和社会分工的精细化，合作对于一项经济活动的创业是必不可少的。根据社会共生论的观点，共生是人的基本存在方式，人是社会性的生物，个人离开他人无法生存。因此，人类的分工属于经济生产活动上的一种共生关系，每个人或每个团体通过分工从事自己最擅长的工作，同时通过交换关系来获得别人或别的团体生产的物品，从而使得整个社会达到经济最优效率。创业者具有更强的风险意识和创新意识，但是创业者在创业过程中，不可能做到面面俱到，需要不同专业人员为其提供专业的帮助。

其次，农民工在城市和发达地区工作的经历使得其素质有了很大的提高和发展。许多农民工在劳动技能、观念、技术、管理等方面积累了很多有价值的知识和经验。但客观地分析，对于大多数农民工而言，其技术技能、市场意识等和自主创业的要求还存在着一定差距。具体地说，农民工在创业的过程中依然可能面临两个问题：一是农民工在务工地习得的技能或知识具有局限性。因为农民工在务工地通常都是受雇佣状态，主要从事某项具体的工作，所以他们习得的一般是某项具体的技能或知识,可能较少接触到管理和规划方面的技能或知识,而创业则更加需要一种统筹规划的能力。并且从我们的调查研究所获得的描述性统计分析来看,农民工这一群体的学历普遍偏低(初中及以下文化水平占57.25%),他们的学习能力也较弱。通过机构的专业人员直接为他们提供在创业过程中所需要的帮助能够有效地弥补他们的这一不足。二是农民工获得的人脉资源具有地域性限制。人脉作为一种资源可以在某种程度上帮助人们获得收益,但是人脉资源具有地域性的限制,即人脉资源发挥其作用的范围是有限的。农民工外出务工,所能接触到的人无非就是三种:老乡、务工所在地的本地人以及其他地区的农民工。同时,农民工所处的社会阶层也决定了他们很难能够结识到有跨地区影响力的社会支持。因此,农民工在外地务工积累的人脉的作用很难辐射到返乡创业。

通过以上分析,我们认为为农民工创业提供人才支撑是非常必要的。在农民工创业教育的具体实践中,人才主要是指从事教育工作的师资队伍以及组织创业活动实施的管理者,因此,师资队伍和管理人才构成了农民工创业教育的人才支撑。

(一)师资队伍

师资是影响教育效果的重要因素,与传统师资不同,农民工创业教育的师资队伍构成具有多元化的特征,不仅仅局限于具有高等学历、拥有编制和教师从业资格的教师,还包括有经验和行业资源的成功企业家、职业经理人、电商辅导员、天使投资人、创业带头人、具备一定技能的农村能人等。相关政府文件明确提出:加强创业创新导师队伍建设,从企业家、投资者、专业人才、科技特派员和返乡下乡创业创新带头人中遴选一批导师。建立各类专家对口联系制度,对返乡下乡人员及时开展技术指导和跟踪服务。这足以显示师资队伍建设的重要性。通过调查发现,52.46%的具有创业意愿的农民工和56.88%的正在创业的农民工愿意参与创业教育培训。教育工作的关键是教师,因而双创教师的数量就成了供给一侧的主要变量。增加双创教师的数量以满足增长的农民工创业教育需求是实现农民工创业教育良好发展的基本点。仅仅有足够数量的教师还不够,教师的个人素质和专业水平也是至关重要的。调查发现,农民工在创业教育培训中希望提升的技能主要有市场拓展能力、技术水平、领导管理能力以及沟通交流能力,其中最希望提升的是技术水平和管理能力,这些能力或技能都需要高水平教师。因此,在农民工创业教育的师资队伍建设中,要从数量和质量两个方面同时入手,提高农民工创业教育的质量。

(二) 管理人才

管理人才是指具有管理才能和管理经验，具备专业技术资格或学历，能为运营活动进行谋划、决策、管理、实施等的劳动者。管理人才在农民工创业教育活动中发挥着重要作用。首先，就创业教育本身而言，其成功开展需要一个过程，包括前期的准备、中期的实施以及后期的跟踪与反馈，整个过程需要专业人员进行协调才能顺利进行。其次，就创业培训的培训对象而言，农民工的自我管理能力有所欠缺，调查发现，44.89%的创业农民工认为自己缺乏自我管理，而在接受创业教育的过程中需要一定的自律性才能保质保量地完成创业教育，这就需要管理者对农民工的学习情况进行有效的监控，根据农民工的学习情况，合理安排课程内容，规划课程时间，使农民工创业教育规范化、合理化。获取管理人才的途径分为内部和外部两个渠道，内部是指从农村本身获取，即从农村聘请具有一定管理能力的人才或者直接从村委会中抽派部分委员专门管理农民工创业教育相关事务；外部是指从农村以外获取管理人才，其中部分管理任务可以由培训机构的相关管理人员承担，上级政府也可以委派管理人员下乡来管理农民工创业教育活动。提高管理人才水平，加强农民工创业教育的实施力度，使之发挥更大的效果，从而提高农民工创业的成功率。

二、管理支撑

教育发展的质量与教育管理体系有着密切的关系，合理有效的管理是对教育质量的重要保障。管理是指在特定的环境条件下，以人为中心通过计划、组织、指挥、协调、控制及创新等手段，对组织所拥有的人力、物力、财力、信息等资源进行有效决策、计划、组织、领导、控制，以期高效地达到既定组织目标的过程。在农民工创业教育实践的过程中，需要对繁杂琐碎的教育资源进行整合，使之最大限度地发挥各自的作用，从而保障整个教育活动顺利开展并且更好地实现乡村人才的目标。若农民工创业教育失去了管理的支撑，就会出现组织不合理、资源配置混乱的现象，这样不仅会造成资源的浪费，还可能严重阻碍农民工创业教育的发展。因此，管理支撑是农民工创业教育支撑体系中必不可少的部分。从农民工创业教育的特点和性质来看，其管理支撑主要由管理制度和组织保障两个方面构成。

(一) 管理制度

制度化管理是任何管理活动的基础，制度是管理活动有效进行的参考依据，对于任何组织或者活动而言，缺乏制度的约束就难以保障其正常有序的运行。农民工创业教育对于农民工个人和整个社会发展都具有重要的意义，因此，体制机制的构建是农民工创业教育管理的重要内容。农民工创业教育管理制度的建立主要体现在两个方面：一是需要建立农民工创业教育管理规章制度，比如接受创业教育所需要遵守的纪律、接受教育所必须具备的条件以及所享受的优惠政策等，为农民工创业教育提供政策保障，使农民工创业教育的管理有章可循。这就需要根据农民工本身的特点在符合法律规范的条件下建立规章制度，严格按照规章内容对农民工进行有效的管理。在农民工创业教育管理制度的建立过程中，必须要考虑农民工各方面的需求，比如增加自身知识文化素养，实现自我价值等，如果缺乏人性化与个性化的元素，那么农民工创业教育管理制度将难以建立起来。二是要重视农民工管理制度的执行情况。在农民工创业教育管理过程中，除了制度的建立以外，还必须按照制度的内容严格执行，发挥管理制度的作用。

（二）组织保障

农民工创业教育的工作内容不是简单的知识传授，其组织实施像其他管理活动一样需要一个完整的过程，离不开管理者有效的管理来保障其顺利实施。从管理职能的视角看，管理的基本职能（计划、组织、领导、控制）在农民工创业教育中均有明显的体现。计划职能在农民工创业教育管理中表现为确定农民工创业教育的内容、培训周期的长短以及教育模式的选择；组织职能主要表现为对农民工创业教育的宣传推广、招纳选拔教师及学员、合理开展教学活动等；领导职能主要体现为对教师及学员的激励，调动教师的教学热情以及学员的学习积极性；控制职能主要体现为对创业教育绩效的考评与反馈，确保农民工创业教育的顺利进行。从过程管理的视角来看，管理在不同的时期发挥着不同的作用。在初期，要大力宣传推广创业教育，要根据情况选择合适的宣传方式，达到更好的宣传效果；在中期，管理者要根据学员的需求以及教师的特长完成创业教育课程的设置以及培训平台的选择，监督培训对象的学习；在后期，管理者要持续跟踪农民工接受创业教育之后的发展情况，设置完善的绩效考评体系，对教师以及学员产生的绩效进行考核，发现创业教育过程中存在的不足，及时反馈，不断完善农民工创业教育体系，提高农民工创业教育的质量。综上所述，组织保障是农民工创业教育管理工作的重要内容，与管理制度共同构成了农民工创业教育支撑体系中的管理支撑。

三、资源支撑

资源包括物质资源和非物质资源，由于人才支撑实际上也是一种人力资源的供给，所以这里资源支撑中的资源是指物质资源。实际上，教育资源可以划分为教育物质资源和教育非物质资源。教育非物质资源包含师资力量（人力资源）和社会教育理念（环境），前者在人才支撑子中已经有所论述，而后者属于社会环境影响，为了不使各个子系统存在过多的交叉使得子系统的界定不清晰，故将资源支撑限定为教育物质资源支撑。

教育资源亦称"教育经济条件"，是指教育过程所占用、使用和消耗的人力、物力和财力资源，即教育人力资源、物力资源和财力资源的总和。教育资源的分类方法有多种，按其是否为实物形态区分，可分为基础性资源和教育软资源；按其构成状态区分，可分为固定资源和流动资源；按其办学层次区分，可分为基础教育资源和高等教育资源；按其政策导向区分，可分为计划资源和市场资源；按其归属性质和管理层次区分，可分为国家资源、地方资源和个人资源；按其知识层次区分，可分为品牌资源、师资资源和生源资源。

教育资源具有市场经济资源和公共社会资源两种属性。一方面，作为市场经济资源，市场对教育资源的配置起着基础性作用。遵从企业利润最大化的原则，且在要素流动性不受限制的情况下，市场将教育资源配置到能够获得最大利润的机构或学校。教育资源的市场经济资源属性体现了教育资源的产业性、差异性和流动性的特点。另一方面，作为公共社会资源，教育资源需要由政府进行资源配置，对整个社会起到保障兜底的作用。在义务教育制度下，要保证某些偏远、贫困地区也能实行义务教育，就需要政府来提供教育资源。因为如果单纯靠市场配置教育资源的话，将资源投向偏远贫困地区不符合企业的利润最大化原则。教育资源的公共社会资源属性体现了教育资源的公益性、理想性和继承性的特点。

在农民工创业教育支撑体系中，四个外围支撑实体与资源支撑子系统有着不同程度的联系。政府通过政策间接对资源的配置发生作用，相关企业通过市场机制的作用直接为培训机构提供相关的资源和服务，中介机构主要通过提供平台资源与资源支撑子系统发生关系。但是从广义上来看，中介机构提供的咨询服务也是一种资源，属于服务性资源；培训机构则是基础性资源和课程资源的直接提供者。其中，起主要作用的组织机构是相关企业、中介机构和培训机构。结合农民工创业教育的对象与性质，农民工创业教育支撑体系中的资源支撑主要涉及课程资源、资金来源、平台资源和设备设施。

（一）课程资源

课程资源是教学计划的核心所在，课程资源的好坏直接关系到受教育者的学习成效。创业教育课程资源是创业教育的表现形式，是创业教育实施的平台和依托。创业教育课程设置有其固有的原则，王珉在《创业教育管理概论》中提出创业教育的课程设置有五项原则：课程设置应以创业能力要素分析为基础，课程开放要综合考虑，受教育者是教学活动的主体，创业活动应作为课程设计的核心，创业素质应作为考核评价的标准。以上五项创业教育课程设置原则是基于高校创业（即大学生创业）教育提出来的。显然，农民工创业者具有同大学生创业者不同的个体特征。农民工创业者相较于大学生创业者来说：有更丰富的社会经历，受系统教育的年限更少，更倾向于快速有效的课程设置。根据以上的三个不同点，农民工创业教育中的课程设置还应遵循以下原则：课程设置以受教育者的需求为导向，课程设置应突出应用性，教授内容难度适中。

（二）资金来源

多渠道的资金来源保证了创业教育的正常运作和各种创业实践活动的顺利开展。农民工创业教育的资金来源也是多方面的，除了政府的资金保障，还需要有一些其他方面的资金支持，如成功创业者的捐助和公益性基金提供的资助。目前，政府的资金保障是最主要的资金来源。政府创业资金保障包括融资政策、场地支持、税收减免、激励制度等多个方面。比如《四川省人民政府办公厅关于印发促进返乡下乡创业二十二条措施的通知》指出：创业者或创业企业管理者参加创业培训和创业提升培训，取得培训合格证书的，按规定从就业创业补助资金中给予培训补贴。而《关于实施农民工等人员返乡创业培训五年行动计划（2016—2020年）的通知》指出：各部门根据职责和任务，做好相关培训工作，改变资金分散安排、分散下达、效益不高的状况。要加大资金投入，安排工作经费，对培训创业扶贫一体化基地建设、师资培训、管理人员培训、管理平台开发等基础工作给予支持。相关部门要及时足额拨付各类补贴资金，建立健全资金管理制度，明确资金监管责任主体，采取有效措施，加强对培训补贴资金监管，提高资金使用效益，确保资金使用安全。

（三）平台资源

平台一词原意为"高于周围的平面"，属于建筑学术语，之后延用于各个不同的学科之中。虽然在不同的行业和专业，平台所指的具体内容各不相同，但是也具有一定的共性。广义上来说，平台是指一种基础性的、可用于衍生出其他内容的环境，这些内容可以是产品，也可以是新的环境。在农民工创业教育体系中，平台资源是指各种为农民工（农民）创业教育和创业提供服务的中介机构，主要提供创业孵化、技术外包服务、市场咨询服务和法律咨询服务等。这些中介机构不仅有创业教育培训（比如为创业者提供技术、品牌包装和营销策划等培训），还为创业者提供各种创业过程中所需要的服务。如创客空间的其中一种盈利模式是为创业者免费提供财务、工商和法律等咨询服务，获得创业者的信任，进而向创业者推广创客空间的各种增值服务。

综上所述，平台在农民工创业教育中发挥着巨大作用，能帮助农民工更加准确地锚定其所需要的创业教育。

（四）设备设施

农民工创业教育中的基础性资源主要是指教具、教学设施、教学楼或教室等物质资源。从资本投资的角度看，它们都属于物质资本投资。所谓物质资本，是指长期存在的生产资料形式，如机器、设备、厂房、交通设施等。基础性资源是农民工创业教育支撑体系中教育资源支撑子系统的基础，其具体作用表现在如下两个方面。

一是基础性资源为农民工创业教育提供物质支撑。教学场所、教学方式以及教学内容的承载都离不开基础性资源。基础性资源作为物质资本，是农民工创业教育支撑体系中最为基础的投入。基本的教学场所是由教学楼或教室提供的，不同的教学方式需要不同的教学工具予以呈现，丰富的教学内容则依附于课本或课件等。因此，要发展农民工创业教育，就必须大力投入基础性资源。

二是师资力量与基础性资源相结合发挥作用。现代教育工作越来越多地依靠信息技术等现代教育技术手段。因此，高素质的师资必须与高质量基础性资源相结合才能产生出较高的教育绩效。

四、科技支撑

农民工创业教育支撑体系中的科技支撑是指通过政府的政策规划和市场机制的共同作用，以推进现代教育理念在农民工创业教育中的应用为目的的子系统。科技对于现代经济社会的重要性不言而喻，马克思在《资本论》中明确地指出：社会劳动的生产力首先是科学力量。恩格斯也认为：科学是一种史上起推动作用、革命的力量。邓小平指出：科学技术是第一生产力。根据索洛增长模型，在稳定状态下，经济增长的动力来源于技术进步。

结合农民工创业教育的特点，我们主要从现代教育技术利用、科技合作创新两个方面进行论述。在农民工创业教育体系中，政府机构、高等院校、相关企业、中介机构和培训机构等都在不同程度上与科技支撑发生作用，其中政府机构的作用是间接的，相关企业、中介机构和培训机构的作用是直接的。政府通过政策支撑和资金支撑间接作用于科技支撑子系统，相关企业通过与农民工创业者创办的企业的科技合作创新以及提供现代教育技术作用于科技支撑子系统，中介机构中的创业孵化器通过进行合作创新以及其他相关服务起作用，培训机构通过与农民工创业者创办的企业建立科技合作关系作用于科技支撑子系统。

（一）现代教育技术利用

现代教育技术，是指运用现代教育理论和现代信息技术，通过对教与学的过程和资源的设计、开发、利用、管理和评价，以实现教学优化的理论和实践。在科技支撑子系统中，我们关注的是现代技术（主要是现代信息技术）在创业教育中的应用。现代信息技术包括计算机技术、数字音像技术、电子通信技术、远程通信技术、人工智能技术和虚拟现实仿真技术等。现代教育技术可以集声、文、图、像于一体，使知识信息来源丰富，且容量大，内容充实，形象生动而更具吸引力。应用现代教育技术教学系统改变了传统教学方式，使学生占有的时空不断扩大。而传统教学方式则依靠文字教材和教师的课堂讲课，强调教学过程由近及远、由浅入深、由具体到抽象的原则。

（二）科技合作创新

科技合作创新是指企业通过与其他企业、创业孵化器、高校等建立技术合作关系，在保持各自相对独立的利益和身份的同时，在一段时间内开展协作并从事技术或产品的研究开发，在共同确定的研究开发目标的基础上实现各自目标的科技创新活动。科技合作创新既包括具有战略意图的长期合作，如战略技术联盟、网络组织；也包括针对特定项目的短期合作，如研究开发契约和许可证协议。近年来，科技合作创新已经成为国际上一种重要的技术创新方式，由于企业科技合作创新的动机不同，合作的组织模式也多种多样。狭义的科技合作创新是企业、大学、研究机构为了共同的研发目标而投入各自的优势资源所形成的合作。广义的科技合作创新是指企业、创业孵化器、大学之间的联合创新行为，新构思形成、新产品开发以及商业化等任何一个阶段的合作都可以视为企业科技合作创新。科技合作创新为农民工带来了新平台、新技术、新产品、新产业、新业态、新模式等，为农民工创业教育系统形成了有效支撑。

第八章 农民工创业教育绩效评价

创业教育的购买主体需要知道其资源投入的效果，承接主体需要知道其提供服务的效果，使用主体需要知道接受该项公共服务后的转变。所以，有必要对农民工创业教育进行综合性、多角度的绩效评价。本章将在分析农民工创业教育绩效评价的层次结构的基础上，分别对农民工创业教育的效率、创业教育支撑体系、创业教育质量进行评价。

第一节 农民工创业教育绩效评价概述

一、农民工创业教育绩效的内涵

绩效是管理学中一个非常重要的概念，其贯穿于计划、组织、指挥、协调、控制、创新等重要职能之中。对绩效的界定主要有两种不同的观点：一种观点认为绩效是活动或行为的结果，具有名词属性；另一种观点认为绩效是一个行动过程，具有动词属性。由于结果会受到系统内其他因素的影响，所以，仅仅把"结果"作为绩效越来越受到质疑，把绩效目标、目标实现过程纳入绩效评价的做法受到欢迎，绩效是一个行动过程的观点得到广泛认可。

根据对象不同，绩效可以分为组织层面和个人层面，即组织绩效和个人绩效。教育绩效是一种组织绩效，所以，教育绩效一般指学校教育绩效，即作为基本公共服务向社会提供的教育活动绩效。殷雅竹等（2002）认为教育绩效是教育活动综合效果的反映，包含以下三个方面的内容：一是教育目标的实现情况，二是在实现教育目标过程中资源配置的状况，三是实现教育目标过程中的过程安排情况。所以，教育绩效是指教育活动的目标达成及实现目标的行动过程。

农民工创业教育绩效具有特殊的指向性，其现实内涵主要表现在两个方面：一是农民工创业教育绩效是一种广义的公共服务活动绩效。小学、中学、大学等传统意义上的学校教育属于基本公共服务的范畴，是狭义的公共服务。农民工创业教育并未纳入学校教育体系，不属于基本公共服务，但是我国农民工创业教育服务提供者仍然以政府为主，服务资金主要来源于政府拨款，是政府针对"三农"领域的一种管理和服务活动。所以，农民工创业教育服务是一种广义的公共服务，农民工创业教育绩效是广义的公共服务活动绩效。二是农民工创业教育绩效是目标、满意度与质量的统一。组织目标是组织绩效的前置条件，创业教育主体在提供农民工创业教育服务前，必然有要确定服务活动拟达成的目标或者期望通过服务活动希望取得的效果；在绩效评价时，要确定目标的达成度或者创业教育主体各方的满足度，以及在提供服务过程中的过程质量和服务结果的结果质量。

二、农民工创业教育绩效评价的层次结构

绩效评价既是对已完成行动的目标达成度进行评判，也是为未来行动提供计划和决策依据，有助于未来行动计划及决策的改进。与其他类型的绩效评价相比，教育绩效评价则更加复杂，具有价值判断的多元性，这是与教育服务特性密不可分的。教育具有公益性、公利性和外部经济性的特点，对其绩效的评价不能仅仅通过经济效益来度量，而是要评价其未来产生的社会效益。但是，在实践层面，对未来社会效益的预判是比较困难的，在具体教育绩效的评价中还是要落实到对具体教育活动、教育项目、教育对象的评价中，如与我国高校教育绩效评价相关的评价有针对本科教育的"教育部本科教学水平评估"、针对学科建设的"学科评估"、针对专业学位研究生培养的"专业学位水平评估"等，通过"以评促建"，实现教育服务质量的持续改进。农民工创业教育评价的具体实施，必然要落实到具体的评价项目、评价内容、评价对象和评价主体上。

创业教育对于创业活动与国家经济发展存在重要的关系，评估创业教育绩效最便捷的指标是新企业的创造率。创业教育的"客户"是其所在的社会，这意味着创业学习和创业成果应充分满足所有利益相关者（学生、家庭、组织和国家）的社会和经济需求目标。创业教育主要涉及教育和培训各个层次的相关性、有用性、有效性和效率。创业教育绩效评价主体包括创业教育利益相关者、资源投入主体以及参与创业教育的农民工（学员）。根据教育绩效评价内容，可确定教育绩效评价的基本构成：一是对教育目标实现情况的评价，即结果评价；二是对实现教育目标过程中资源配置效率的评价，即效率评价；三是对实现教育目标过程中的过程安排情况评价，即质量评价。农民工创业教育绩

效评价就是不同评价主体针对不同的对象，侧重于不同的评价项目和内容，从不同的层次进行的综合评价，其层次结构如表 8-1 所示。

表 8-1　农民工创业教育绩效评价的层次结构

维度	评价项目	评价内容	评价对象	评价主体
宏观	农民工创业教育效率评价	对创业教育的投入产出效率进行评价	教育系统	资源投入主体
中观	农民工创业教育支撑体系评价	对创业教育支撑体系的水平进行评价	支撑体系	创业教育利益相关者
微观	农民工创业教育质量评价	对创业教育活动的效果进行评价	教育活动	参与创业教育的农民工

首先，农民工创业教育效率评价。农民工创业教育的资源投入主体在对农民工创业教育进行资金、师资、平台等资源投入后，要对投入产出的效率进行评价。由于这些资源涉及整个创业教育系统，所以是从宏观层次对整个创业教育系统的评价。

其次，农民工创业教育支撑体系评价。农民工创业教育利益相关者在参与创业教育前、参与中、参与后都可能对创业教育支撑体系的水平进行评价，为参与决策（是否参与、如何参与）提供参考，是对创业教育系统某一方面进行的评价，是中观层次的农民创业教育绩效评价。

最后，农民工创业教育质量评价。农民工（学员）在参与创业教育活动过程中或者参与结束后，结合自身条件评价创业教育在目标达成、获得感等方面带来的影响，对创业教育活动的效果进行评价，其是一种微观层次的农民工创业教育质量评价。

第二节　基于 DEA 模型的农民工创业教育效率评价

一、农民工创业教育效率 DEA 模型

数据包络分析（DEA）作为新一代的系统分析和效率评价方法，建立模型前无须对数据进行无量纲化，也不需要精确的确定指标的权重，其实质是从复杂的样本中提炼出有效的样本集合，即可直接在软件中输入相关投入—产出数值得出相对应的绩效评价的结果。基于这样的特性，DEA 更加适用于投

入—产出的效率以及资源配置等问题。该方法是一种通过对多指标投入—多指标产出的同类部门进行评价的有效方法,最早应用于企业中的部门管理,近年来被大量运用于政府、高校、科研院所等单位的效率评价、资源配置分析等领域,如薛玉香和黄文浩(2010)对高校学科的有效性进行的评估、赵小峰(2017)对我国农林高职院校投入—产出的量化评价等。刘有升等(2017)运用DEA模型构建以师资、资金、课程、组织为投入变量,以创业率、孵化企业数和校友捐赠为产出变量的投入—产出模型,对我国高校创业教育效率进行了评价,表明DEA模型可有效进行创业教育效率评价。

DEA模型可分为CCR和BBC模型。CCR模型假设规模报酬不变,用于测算综合技术效率,综合技术效率即对决策单元的资源配置能力、资源使用效率等多方的综合衡量与评价;BBC模型假设规模报酬可变,用于测算受管理和技术等因素影响的创业教育效率。

(一) CCR 模型

假设:n 个决策单元 DMU_j ($j=1,2,\cdots,n$);每个决策单元有 m 种投入,记为 $x_i(1,2,\cdots,m)$;投入权重表示为 $v_i=(i=1,2,\cdots,m)$;有 q 种个产出,记为 $y_r(r=1,2,\cdots,q)$,产出权重表示为 $u_r(r=1,2,\cdots,q)$。当前要测量的 DMU 记为 DMU_k,其投入产出比表示为

$$h_k = \frac{u_1y_{1k}+u_2y_{2k}+\cdots+u_qy_{qk}}{v_1x_{1k}+v_2x_{2k}+\cdots+v_mx_{mk}} = \frac{\sum_{r=1}^{q}u_ry_{rk}}{\sum_{i=1}^{m}v_ix_{ik}} \quad (v \geqslant 0; u \geqslant 0)$$

CCR 基本模型如下:

$$\begin{cases} \max \dfrac{\sum_{r=1}^{q}u_ry_{rk}}{\sum_{i=1}^{m}v_ix_{ik}} \\ \text{s.t.} \dfrac{\sum_{r=1}^{q}u_ry_{rj}}{\sum_{i=1}^{m}v_ix_{ij}} \leqslant 1 \\ v \geqslant 0; u \geqslant 0 \end{cases}$$

其中,Q 表示效率值。模型的含义是在所有的 DMU 效率值不超过1的条件下,使得被评价 DMU 的效率值最大化,因此模型确定的权重 u 和 v 是对被

评价 DMU_k 最有利的。

（二）BCC 模型

BBC 是在 CCR 对偶模型的基础上增加了约束条件 $\sum_{j=1}^{n}\lambda_j = 1(\lambda \geqslant 0)$。BBC 模型公式如下：

$$\begin{cases} \min\theta \\ \text{s. t.} \sum_{j=1}^{n}\lambda_j x_{ij} \leqslant \theta x_{ik} \\ \sum_{j=1}^{n} y_{rj} \geqslant y_{rk} \\ \sum_{j=1}^{n}\lambda_j = 1 \end{cases}$$

二、变量界定及指标构成

对于农民工创业教育指标的选取，我们将其归为创业教育投入、创业教育产出。具体数据描述如表 8-2 所示。

表 8-2 创业教育产出投入变量描述

变量界定		
	创业教育投入	师资力量	有创业经历教师比例、有培训经历（创业专业培训、相关企业管理培训）教师比例或者企业家兼职授课比例
		财政投入	政府/企业每年用于创业教育的资金占总教育支出的比重
		创业服务平台	创业服务平台的数量
	创业教育产出	创业教育实施情况	接受创业教育后当地农民工的就业率、创业率及农民工创业公司平均寿命

（一）师资力量

创业教育本身是一项复杂的工程，师资力量发挥着极其重要的作用。在现实实践中，创业教育实施受到多种因素的困扰，对授课老师自身素养要求也较高，其中，高质量的创业师资是制约创业教育发展的主要因素。可用有创业经历教师比例、有培训经历（创业专业培训、相关企业管理培训）教师比例或者企业家兼职授课比例来衡量这一投入指标。

（二）财政投入

根据第六章发达国家创业教育体系概述不难发现，较为完善的创业教育体系都有一个共同点：从政府到企业都会提供资金支持保证创业教育的进行，营造良好的创业教育氛围，推动创业教育的发展。因此，可用政府或企业每年用于创业教育的资金占总教育支出的比重来衡量创业教育财政支出这一指标。

（三）创业服务平台

创业服务平台如"创业指导中心""创业指导专家咨询"以及"创业者协会"等，为农民工提供了大量物质和业务流程的指导，在农民工创业教育中发挥着重要作用。因此，可用创业服务平台的数量作为创业教育的投入指标。

（四）创业教育产出

创业教育产出指标主要用于反映创业教育实施情况如何。我们利用接受创业教育后当地农民工的就业率、创业率及农民工创业公司平均寿命来衡量农民工创业教育的推进结果。

第三节 基于 AHP 模型的农民工创业教育支撑体系评价

一、农民工创业教育支撑指标体系的设计

创业教育的目的在于培养创业主体的创业意识、创业精神以及创业能力。农民工创业教育支撑体系的组成是相辅相成且复杂的，无法直接对其进行测算，需要采用一套科学全面的创业教育支撑指标体系来进行。而科学的指标体系应根据研究目的的不同、研究对象的个性特征以及实践意义来考虑，并且结合客观事实、现有条件及社会影响进行设计，是一种合理的、科学的、有实际意义的社会指标体系。由此，本研究遵循科学性、考虑适用性，将教育学与创业实践等相关学科进行统一，通过调研及文献参阅，分析收集相关信息，借鉴专家意见，针对农民工创业教育支撑体系的特点设定评判目标，根据农民工创业教育支撑体系中的四大支撑要素遴选影响因子，构建对应的指标体系。该指

标体系能够充分反映出农民工创业教育过程中的主要影响因素，反映农民工创业教育的特点，对于农民工创业教育的开展具有一定的实践指导意义。农民工创业教育支撑指标体系主要从人才、管理、资源、科技四个维度进行以及设计指标，在一级指标中，又根据每一个支撑维度相应设置2~4个二级指标。

表8-3 农民工创业教育支撑指标体系

一级指标	二级指标	评价内容
人才支撑 B1	师资队伍 C1	师资队伍构成是否多元、教师是否有创业经历或培训经历、教师科研创新情况以及师资数量
	管理人才 C2	管理人员的专业资格和学历、管理人员由政府委派或培训机构聘请或村委抽派的比例
管理支撑 B2	管理制度 C3	农民工创业教育管理规章制度的建立、农民工管理制度的执行情况
	组织保障 C4	组织实施（管理者有效的管理、管理的基本职能体现以及过程管理）
资源支撑 B3	课程资源 C5	课程设置对受教育者的需求性、课程设置的应用性、课程内容及形式
	资金保障 C6	资金来源渠道的多元化、资金管理制度的健全、融资政策、场地支持、税收减免、激励制度
	平台资源 C7	实践平台、服务平台（创业孵化、技术外包服务、市场咨询服务和法律咨询服务等）
	设施设备 C8	教具、教学设施、教学楼或教室等物质资源
科技支撑 B4	现代教育技术利用 C9	现代教育理论和现代信息技术的应用（计算机技术、数字音像技术、电子通信技术、人工智能技术和虚拟现实仿真技术等）
	科技合作创新 C10	战略技术联盟、网络组织、对特定项目的短期合作（与其他企业、创业孵化器、高校等建立技术合作关系）

二、农民工创业教育支撑体系的 AHP 分析

自 20 世纪 70 年代美国运筹学家 Saaty 提出层次分析法（Analytic Hierarchy Process，AHP）以来，该方法在各个领域得到了广泛的应用。在社会学领域，学者们采用 AHP 方法进行各类体系的指标评价。考虑到 AHP 方法将定性与定量相结合的特征，其适用于创业教育支撑体系的评价。采用 AHP 方法对农民工创业教育支撑体系的评价主要在于分析其支撑体系中各个因素间的相互影响，建立了如表 8-3 所示的评价指标阶层结构。然后根据指标上下层的递阶隶属关系构造判断矩阵。在构建判断矩阵时，考虑上层对下层的支配关系以及同层指标因素间的相互关系，参考详细的评价内容，通过指标间的两两比较，得出各指标对上级因素的相对重要程度，并赋予一定的权值。

采用专家打分法，对农民工创业支撑指标体系进行权重赋值，邀请的专家主要为政府创新创业相关部门专家、创业机构培训专家、创客以及高校创业教育教师等创业教育利益相关者专家，采用 1~7 标度逐层对农民工创业支撑指标体系进行判断。针对每一层的 n 个评价指标建立一个 $n \times n$ 的判断矩阵，对不同的指标的相对重要性评价加以量化。进行成对比较时，让第 i 行（$i=1, 2, \cdots, n$）的指标相对于第 j 行（$j=1, 2, \cdots, n$）的指标进行度量，如 $a_{ij}=k$，则 $a_{ji}=\dfrac{1}{k}$，得出相应判断矩阵。

根据专家评分得出的比较矩阵，按下列步骤计算出相应的权重，并对其结果进行检验。若检验满足要求，则该判断矩阵合理，计算所得的权重也是科学可行的。

（1）将判断矩阵的每一列元素作正规化处理。这里以二级指标相对于一级指标的判断矩阵为例，设为 $\boldsymbol{B} = (b_{ij})_{4 \times 4}$，则正规化处理如下：

$$\bar{b}_{ij} = \dfrac{b_{ij}}{\sum_{k=1}^{4} b_{kj}} (i,j = 1,2,3,4)$$

（2）将每一列经正规化后的判断矩阵按行相加。

$$\bar{W}_i = \sum_{j=1}^{4} b_{ij} (i=1, 2, 3, 4)$$

（3）将向量 $\bar{W} = (\bar{W}_1, \bar{W}_2, \bar{W}_3, \bar{W}_4)$ 归一化，得

$$W_i = \dfrac{\bar{W}_i}{\sum_{i=1}^{4} \bar{W}_i} (i = 1,2,3,4)$$

则 $W = (W_1, W_2, W_3, W_4)$ 即为 B 的最大特征根 $\lambda_{\max}$ 对应的归一化特征向量。

(4) 计算判断矩阵的最大特征根。

$$\lambda_{\max} = \sum_{i=1}^{4} \frac{(BW)_i}{nW_i}$$

(5) 检验 B 的一致性。

$$CI = \frac{\lambda_{\max} - n}{n-1}, CR = \frac{CI}{RI} < 0.1$$

根据不同阶数选取 RI 值，RI 取值如表 8-4 所示。CI 为判断矩阵 B 的一致性指标，CI 越小，B 的最大特征根越接近完全一致性判断矩阵的最大特征根，即判断矩阵 B 越接近于完全一致性。当 $CR<0.1$ 时，则判断矩阵 B 具有满意一致性。否则，判断矩阵 B 不具有满意一致性，需要对其进行调整，使得 $CR<0.1$，即判断矩阵具有满意一致性为止。

综上，可得到 $W = (W_1, W_2, W_3, W_4)$ 的各分量即为各对应指标的权重。

表 8-4 随机一致性指标 RI 的值

阶数 n	1	2	3	4	5	6	7	8	9
RI	0	0	0.58	0.9	1.12	1.24	1.32	1.41	1.45

表 8-5 农民工创业教育支撑体系以及指标比较矩阵

A	B1	B2	B3	B4
B1	1	3	1/4	4
B2	1/3	1	1/5	3
B3	4	5	1	7
B4	1/4	1/3	1/7	1

经计算可得，$\lambda_{\max}=4.1737$，$CI=0.0579$，$RI=0.9$（查表所得，下同），$CR=CI/RI=0.0644<0.1$，通过一致性检验。

同理，对 B1、B2、B3、B4 中的二级指标进行两两打分，可得表 8-6、表 8-7、表 8-8、表 8-9 等比较矩阵。

表 8-6 关于 B1 指标的二级指标两两比较矩阵

B1	C1	C2
C1	1	3

续表

B1	C1	C2
C2	1/3	1

经计算可得，$\lambda_{max}=2$，$CI=0$，$RI=0$（查表所得，下同），$CR=0<0.1$，通过一致性检验。

表 8-7　关于 **B2** 指标的二级指标两两比较矩阵

B2	C3	C4
C3	1	2
C4	1/2	1

经计算可得，$\lambda_{max}=2$，$CI=0$，$RI=0$，$CR=0<0.1$，通过一致性检验。

表 8-8　关于 **B3** 指标的二级指标两两比较矩阵

B3	C5	C6	C7	C8
C5	1	1/5	1/4	3
C6	5	1	2	6
C7	4	1/2	1	6
C8	1/3	1/6	1/6	1

经计算可得，$\lambda_{max}=4.1303$，$CI=0.0434$，$RI=0.9$，$CR=CI/RI=0.0483<0.1$，通过一致性检验。

表 8-9　关于 **B4** 指标的二级指标两两比较矩阵

B4	C9	C10
C9	1	1/3
C10	3	1

经计算可得，$\lambda_{max}=2$，$CI=0$，$RI=0$，$CR=0<0.1$，通过一致性检验。

从以上各表可得出各因素相对于上一层次某因素的权重，但层次分析法的最终目的是要求出最底层元素相对于总目标最高层的相对重要性权重，因此还需要进行层次总排序，如表 8-10 所示。

表 8-10 农民工创业教育支撑体系指标权重及总排序

	B1 (0.2310)	B2 (0.1231)	B3 (0.5867)	B4 (0.0592)	层次总排序
C1	0.7500				0.1733③
C2	0.2500				0.0578⑥
C3		0.6667			0.0821④
C4		0.3333			0.0410⑧
C5			0.1161		0.0681⑤
C6			0.4950		0.2904①
C7			0.3307		0.1940②
C8			0.0582		0.0341⑨
C9				0.2500	0.0148⑩
C10				0.7500	0.0444⑦
∑	1.0000	1.0000	1.0000	1.0000	—

从层次总排序表可以看出，在农民工创业教育支撑的总目标层下，资源支撑、人才支撑、管理支撑、科技支撑所占权重依次递减，因此评估这四个内外支撑对农民工创业教育的影响的重要性程度也应依次递减。在二级指标中，总排序结果权重由高到低依次为资金保障、平台资源、师资队伍、管理制度、课程资源、管理人才、科技合作创新、组织保障、设施设备、现代教育技术利用。根据结果分析可得，对于农民工创业教育支撑体系而言，资源支撑是重中之重，还应着重加大资金投入、完善平台建设和引进多元师资。

第四节 基于 DPSIR 模型的农民工创业教育质量评价

一、DPSIR 模型在创业教育质量评价中的运用

DPSIR 模型最早是由欧洲环境署（EEA）于 1993 年提出的 PSR 模型演化而来，并广泛应用于环境生态治理方面，但在创新创业教育领域有很强的适用性。DPSIR 为创业教育提供了一个全新的分析架构，可以将生态学理论应

用到创业教育上,创业教育与生态环境的相似性使得在生态理论视角下可以更好地契合农民工对创业教育的需求。创业教育生态圈所涉及的直接参与创业教育活动的核心圈层即核心主体如师资、学生、高校等,外围圈层即社会环境层级如政府、企业等,契合农民工创业教育过程中涉及的购买主体(政府)、承接主体(高校、企业、社会组织等),以及使用主体(农民工)。

一般来说,DPSIR模型包含驱动力(D,Driving)、压力(P,Pressure)、状态(S,State)、影响(I,Impact)、响应(R,Response)五项子系统,并存在相互影响的因果关系。

尽管DPSIR模型是应用生态环境治理的模型,但其在创新创业领域也有较强的适用性。20世纪30年代有学者将生态学的理论应用到教育领域当中,提出"生态课堂""教育生态学"等概念。近年来,由于创新创业研究的不断深入,已有学者从生态学的角度进行研究,探讨创新创业教育生态系统的演化与构建以及创新创业教育生态系统如何升级。而创新创业系统与生态系统具有相似性,生态系统具有多个子系统,而创新创业系统也是由多个子系统构成的完整生态系统,同样具有复杂性、动态平衡性等特点。创新创业教育生态系统由内部系统和外部系统构成,内部系统由师资、学生、课程内容、信息管理、文化、环境等部分组成,外部子系统由政府、高校、科研机构、企业等一些社会主体构成。DPSIR应用于创新创业内部系统更加有效,创新创业教育内部DPSIR模型如图8-1所示。

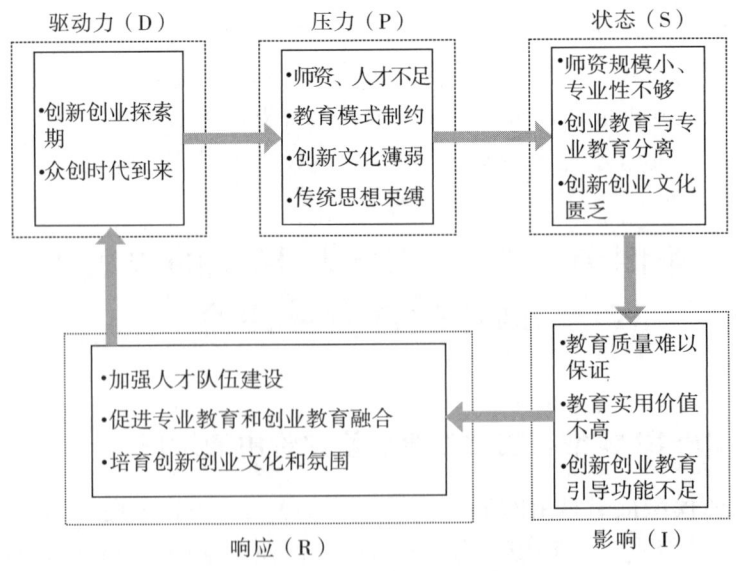

图8-1 创新创业教育DPSIR模型

欧美国家的创新创业教育已经发展了 70 多年时间，而我国创新创业教育只有 20 多年的短暂发展期，基础较弱，软硬件发展不够健全，处在"拓荒"期，有着极大的发展潜力。2016 年李克强总理提出"大众创新、万众创业"，我国进入创新创业的黄金时段，创新创业正式走入大众视野，迎来了大众创业的浪潮。

现行的创新创业教育的压力来自师资与人才支撑不足、教育模式的制约、创新创业文化的薄弱以及传统思想的束缚，来自教育服务能力的不足和受教者对创新创业认识的不足共同阻碍着创新创业教育的发展。

基于 DPSIR 模型的创新创业教育的生态系统分析将会对我们研究农民工创业教育体系带来借鉴作用。

二、基于 DPSIR 模型的农民工创业教育质量指标体系

（一）建立评价层次结构模型

通过分析系统中各因素的相互关联、逻辑归属以及重要性程度，可以将创业教育绩效的评价目标逐层细化并进行分层排列。结合调研实际情况与吸纳 10 位专家的意见，确定出基于 DPSIR 模型的农民工创业教育质量指标体系，如表 8-10 所示。

表 8-10　基于 DPSIR 模型的返乡农民工创业教育质量评价指标体系

一级指标（目标层）	二级指标（准则层）	三级指标（指标层）
农民工创业教育质量	驱动力 D	D1 农民工参训的主动性（内部驱动力） D2 创业政策的引导性（外部驱动力）
	压力 P	P1 农民工学习能力不足（内部压力） P2 来自事业的压力（内部压力） P3 来自周围环境的压力（外部压力）
	状态 S	S1 接受创业培训的内容 S2 参与创业培训的形式
	影响 I	I1 对创业成功率的影响 I2 对创业获利情况的影响
	响应 R	R1 获得更多市场信息 R2 提升技术水平 R3 获得创业经验 R4 提升管理水平 R5 获得社会支持

（二）专家打分

通过邀请农民工创业教育领域的专家（10名）对上述的指标进行两两比较，把纵列因素指标与横行因素指标进行逐一比较，并按照相对重要性等级量表的规定（一般采用比率标度来给出相对重要性的比值系数），视其重要性程度，标明相应的等级数字（1~9级标度法）对表8-10中各层级指标进行打分，如表8-11至表8-16所示。

表8-11 准测层对目标层 A 的判断矩阵

培训质量 A	驱动力 D	压力 P	状态 S	影响 I	响应 R
驱动力 D	1	1	1/3	1/4	1/2
压力 P	1	1	1/2	1/2	1/2
状态 S	3	2	1	2	2
影响 I	4	2	1/2	1	1/3
响应 R	2	2	1/2	3	1

表8-12 方案层对准测层驱动力 D 的判断矩阵

驱动力 D	D1	D2
D1	1	4
D2	1/4	1

表8-13 方案层对准测层压力 P 的判断矩阵

压力 P	P1	P2	P3
P1	1	1/2	3
P2	2	1	3
P3	1/3	1/3	1

表8-14 方案层对准测层状态 S 的判断矩阵

状态 S	S1	S2
S1	1	3
S2	1/3	1

表 8－15　方案层对准测层影响 I 的判断矩阵

影响 I	I1	I2
I1	1	3
I2	1/3	1

表 8－16　方案层对准测层响应 R 的判断矩阵

响应 R	R1	R2	R3	R4	R5
R1	1	1/2	1/3	1/4	1/2
R2	2	1	1/2	1	3
R3	3	2	1	3	3
R4	4	1	1/3	1	1/2
R5	2	1/3	1/3	2	1

计算因素的相对权重，并进行一致性检验。根据前述表 8－11 至表 8－16 的专家打分结果，计算出相应的权重。

一致性比例分别为 $CR_A=0.0783$，$CR_D=0.0000$，$CR_P=0.0517$，$CR_S=0.0000$，$CR_I=0.0000$，$CR_R=0.0989$，均小于 0.1，通过一致性检验。

如图 8－3 所示，状态 S 与响应 R 在农民工创业教育质量评价体系中占的比重最大，其次为影响 I、压力 P、驱动力 D。这说明接受创业培训的内容、参与创业培训的形式和五种响应对农民工创业教育绩效的影响最大，所以本章节的绩效分析主要聚焦于状态 S 与响应 R 这一子系统。

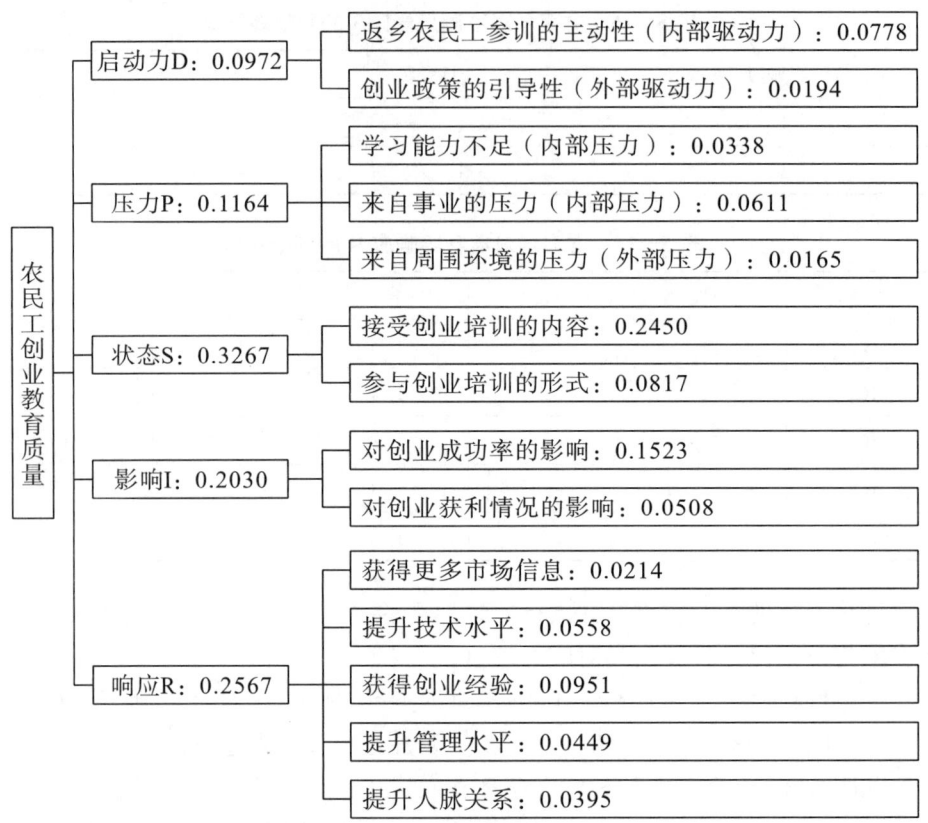

图8-3 农民工创业教育质量评价指标权重分布

第九章 基于 WSR 框架的农民工创业教育系统优化策略

事物在发展过程中会受到多重因素的影响，各类问题几乎都会涉及物理、事理和人理三个方面。顾基发和朱志昌在 1994 年提出了 WSR 方法论，即物理（Wuli）－事理（Shili）－人理（Renli）方法论。这是一种典型的东方系统分析理论，在国内外已经得到了广泛应用。本章将基于该理论从物理、事理、人理三个方面，提出农民工创业教育系统优化策略。

第一节 物理层面的创业教育系统优化

在 WSR 系统分析框架中，物理主要包括物质运动的机理、自然规则及相关客观环境。在农民工创业教育系统中，物理主要体现在以下两个方面：一是整合各类创业教育平台，使其发挥聚合效应；二是丰富创业教育课程内容形式，增强创业教育吸引力。对物理层面进行优化，营造良好的创业教育氛围，能让广大农民工有意愿、有机会参与科学的创业教育培训，提升创业绩效。

一、创业教育平台：加强平台整合，发挥聚合效应

创业教育的实践性强，需要利用各种资源，结合学员与承接主体的实际情况组建适应各类承接主体的实践基地平台，把该平台创办成一个集教学示范、动手实践和可以创造经济效益的场所。各承接主体应发动创新思维，改变以往平台构建过于缓慢且单一分散的问题。企业、高校、社会组织之间应有效协作、取长补短、资源共享，共同推进创业教育平台建设。同时，注重形成长效合理的利益分配机制，保障各参与主体间的利益；充分利用 5G 技术和网络资源，建立科学的可以模拟实际情况的创业教育实践平台。实践基地是学员实现理论与实践相结合的场所，是沟通承接主体与学员的桥梁。积极引导学员"以创业带动就业"的观念，调动学员对于创业的兴趣，通过进行创业知识竞赛、

创业实践活动等达到创业教育的目的。鼓励高等院校在校外打造创业实践基地，与培训机构合作，提供创业培训实践机会，实现全方位、多渠道培训。由政府牵头，明确各实践基地的特色、合作内容和锻炼效果，鼓励社会培训机构和高等院校实践基地合作，实现实践资源的共享与整合，协作开展创业实践活动。

除了创业教育实践平台，创业教育服务平台也应进行资源整合，实现创业教育资源共享，并将其辐射范围由"点"到"面"。在创业教育服务平台中，将创业的各个阶段进行整合，根据用户的需求为农民工创业实践提供完整的一站式服务，实现创业教育由"散点"服务到"全面"服务的转变，即服务的范围应涵盖从创业意识的培养到创业成果转化的整个周期，包括最新的相关政策的发布、最新创业项目与案例的介绍及分享，努力推动各承接主体创业教育资源的整合。通过各类知识库的建立，实现对各类信息资源包括社会资源、专家资源、高校资源、政府资源、企业资源、课程资源等的集成与整合，为创业者提供法律、技术、政策、融资等层面的帮助。从创业教育受众角度来看，创业教育服务平台不仅针对返乡农民工，还针对新农人、返乡青年等来自各行各业的创业人员。通过创业教育服务平台的互动交流，不断提升自身的创业知识与相应的创业技能，提高对创业的认识，形成良好的创业氛围。

二、创业教育课程：丰富课程内容，增强课程吸引力

基于上文对农民工创业教育的绩效分析可以发现，要想提高农民工创业教育绩效，应先从创业教育的课程内容及形式方面入手。

在课程内容方面，改变以往的"一把抓"形式，应着重创业实践性的课程，如品牌推广、专业技能、市场营销、生产管理、融资财务、融资模式课程，对于创业政策解读、法律咨询、危机公共课程等公共课程可相应减少其授课时长，还可针对不同地区的特色产业进行特色课程的培训教育，以满足各地区的实际需求。

在课程形式方面，可在以往纯课堂教学模式的基础上，增加研讨分享形式，以老师讲授为辅，增加案例教学，还可邀请成功创业者进行经验交流分享，增加农民工们和创客交流，加强专业理论与实践的结合。针对农民工这一特殊群体，还应考虑他们的实际时间安排，多以农民夜校、周末专题培训或者短期集中培训的形式来开展创业教育培训。对于初入创空间的农民工，还可针对性地组织他们去经济发达或是创业孵化程度高的地区，接受高质量的教育培训，再将新技术、新思维带回本地，进行实际运作，并与其他创客

进行交流，从而提升本地创业教育质量，实现创业教育从"课堂"到"田野"的转变。考虑到高等院校开展的培训课程由于时空等各方面的原因，可采用网络互动培训新形式，通过开展网上课程，进行网络教学，开辟农民工创业教育培训的新空间和新形式。

第二节　事理层面的创业教育系统优化

在 WSR 系统方法中，事理主要指的是做事的道理、支撑或依据。针对农民工创业教育系统的事理分析优化，主要从促进农民工创业教育政策落地和拓宽相应的资金渠道两个方面来展开，为农民工创业教育提供有力的保障。

一、创业教育政策：强化多方协同，促进政策落地

政策是发展的基础保障。近年来，相关部门根据我国农业发展规划和总体目标，颁布了农民工创业教育相关政策。但我国农民工创业教育兴起时间较短，尚处于探索发展阶段，政府应加强各方衔接，推动农民工创业教育政策实施落地。

政府应进一步强化政府部门在教育体系构建中的作用，制定政策对农民工创业教育方向进行引导，激发农民工创业教育的自主探索机制，使农民工创业的意愿由被动转为主动。政府部门应根据农民工创业教育评判对象和内容，制定明确清晰的评判标准。应加大农民工创业教育的执行力度，增强制度制定和执行之间的切合度，保证有益于农民工创业教育政策的落实达到预期的效果。依照政策相关指向，依据当地实际情况执行相关政策，加强政策的针对性，促进政策落实，达到创业教育系统的政策优化，从而更好地保障农民工创业教育的开展。

二、创业教育资金：拓宽资金渠道，强化资金保障

对于农民工创业教育筹资的优化，一方面应加强财政性专项资金支持，落实经费投入；另一方面应大力宣传号召引入社会资本，以此强化农民工创业教育的资金保障。

落实财政性经费投入是实施创业教育的物质保障。目前，实施创业教育所需资金的主要来源是政府的财政拨款，应进一步加大对农民工创业教育的资金投入，有目的性地制定财政支出的规划。建立有效的学员经费补助标准、承接

主体的培训经费使用标准。加强对承接主体的资格认证，对于符合的承接主体加大资金投入；加强承接主体的办学条件、人才培育质量、培训费用使用、培育绩效等方面的信息公开。加大中央财政对于欠发达经济板块的创业教育的经费支持力度。此外，还可以参照中小企业的资金扶持政策，鼓励商业银行开设专门的面向农民工创业的小额信贷以及相对应的担保服务。积极引导返乡农民工创业，不断探索技术、项目、人才等入股方式，为先进技术的转化应用提供充足的资金来源，提高创业教育绩效。

从资金来源来看，可积极拓展社会资本的投入，多方建立筹资渠道，如来源于民间资本、产业界、企业与社会捐赠、毕业学员捐赠的创业教育基金。从资本的投入形式来看，可鼓励社会力量通过资金、场地、技术、授课人员等多种要素投入创业教育。

第三节 人理层面的创业教育系统优化

在WSR系统方法中，仅考虑"物理"和"事理"，忽略"人理"，往往会使得做事机械枯燥，难以做出创新。人理指的是站在人的角度来思考、分析问题，结合物理、事理对相应系统进行人的方面的改进优化。对于农民工创业教育系统人理方面的优化，可从创业教育受众和创业教育师资两方面来着手。

一、创业教育受众：加强宣传引导，扩大受众范围

创业教育系统的优化还应从受众角度进行考虑。目前，主动参与创业教育培训的农民工来源较少，很多参与培训的学员由政府指定或派遣，结果是同一学员可能参与多个同质性很高的培训课程，造成培训资源的重复使用与严重浪费，同时另有很大一部分人群缺少系统性的进行培训教育的机会，需要加强创业教育的宣传引导，以此来扩大受众范围。

首先，应根据不同受众群体的信息需求和接收信息的习惯来制定不同的宣传方案。在突出创业教育特色的同时，对不同受众进行精准的目标定位，贴近受众需求，不断提升针对性，以此潜移默化地引导更多创业人士获得系统的创业教育。例如，针对较年轻的受众，可以多利用互联网来加强宣传引导，可充分运用大数据、云计算等新技术，对点击创业教育线上宣传资料的网民进行科学的需求分析，有效洞察其意图，在强化网民创业教育意识的同时，增加更加个性化、专业化的宣传，赢得网民信赖，形成一定的用户黏性。针对受系统教

育较少的潜在创业教育群体，可采撷众多创新创业的故事、农民工创业小事、创业企业历程等，用创业相关的小故事展现出创业教育大主题，以小切口折射出核心，使人们有兴趣听。在创业教育宣传中，善用群众语言，以生动鲜活的语言表达创业教育，不断创新话语体系，准确把握创业教育受众群体接收信息的行为，通过多种形式开展宣传报道，以此扩大创业教育受众。

其次，从扩大培训学员的来源途径进行受众优化。可根据当前农民工创业教育培训招生政策，制定相关创业教育培训招生制度改革的实施意见和改革方案，制定合理的培训学员选入标准，构建合理的符合技术技能人才成长规律的选拔机制，用标准代替指派，建立合理的、符合实际的培训学员群体结构，广泛开展面向新生代农民工、退役军人、失业人员、残疾人等群体的创业教育培训。为多层次的培训学员建立不同标准的、多样化的参与培训选拔机制，提高培训学员中自主参与人员的比例。

二、创业教育师资：完善激励机制，优化师资结构

良好的师资队伍可为农民工创业提供科学的创业指导，从师资队伍角度进行创业教育系统的优化是必不可少的。

首先，应构建一套科学的农民工创业教育培训教师管理体系，组建一支稳定的创业教育培训教师队伍。鼓励高等院校教师加入培训教师的队伍，积极拓宽农民工创业教育培训师资来源，完善吸引优秀人才从事教育的体制机制，吸引社会中其他高素质人才如非物质文化遗产传承人、各地方特色产业创业大户和创新科研团队加入培训师资队伍，建立创业教育培训教师保障制度。

其次，建立健全培训教师激励机制。鼓励高等院校教师成为校内外培训机构的讲师，给农民工创业教育培训讲师发放津贴，在职称评定、评优评奖等方面予以适度倾斜。鼓励培训教师在校内外创业孵化园设立工作室，对符合条件的给予项目资助。鼓励培训教师积极参与培训学员的创新研发团队，推动科研成果转移转化，对有成果转化的予以奖励，推动产学研协同创新。

最后，提高培训学员的"再补偿"能力。当前创业教育培训主要以政府出资或者购买服务为主，缺乏社会力量的注入，原因在于当前创业教育培训是"无偿"的，培训机构缺乏培训动力，政府出资购买服务成了唯一的激励手段。需要补充培训学员对培训机构的"再补偿"方案，通过将毕业优秀创业学员再聘请为讲师、鼓励培训学员与培训机构之间构建合作关系等方式，增加培训机构的培训动力，提高培训机构的培训积极性。完善社会培训机构的结构体系，鼓励毕业学员通过投标、募捐、自行开办等多种方式，以资金、土地、生产要

素、技术储备、师资力量等多个要素投资创业教育培训,开办营利性创业教育培训机构,支持毕业学员和培训机构之间的合作。

参考文献

[1] 卞振平. 应用型高校创新创业教育绩效评价指标体系研究 [J]. 辽宁科技学院学报, 2016, 18 (5): 96-98.

[2] 陈灿煌. 基于模糊综合评价法的高校创新创业教育绩效评价研究 [J]. 湖南理工学院学报（自然科学版）, 2018, 31 (3): 18-23.

[3] 陈春晓. 地方高校创业教育师资队伍建设的困境与机制创新 [J]. 高等工程教育研究, 2017 (3): 170-173.

[4] 陈建国, 金登"多源流分析框架"述评 [J]. 理论探讨, 2008 (1): 125-128.

[5] 陈理飞, 史安娜, 夏建伟, 等. 复杂适应系统理论在管理领域的应用 [J]. 科技管理研究, 2007, 27 (8): 40-42.

[6] 陈立建, 黄美初. 成人高校创业教育绩效评价及影响因素研究——兼论智能时代创业教育体系的构建 [J]. 远程教育杂志, 2019, 37 (2): 90-101.

[7] 陈亮. 新农人：中国未来农业的中坚力量 [J]. 中国农村科技, 2015 (3): 68-70.

[8] 陈锡文, 韩俊. 中国农业供给侧改革研究 [M]. 北京：清华大学出版社, 2018.

[9] 戴静. 论日本高校创新创业教育模式对我国高校的启示 [J]. 湖北开放职业学院学报, 2019 (12): 13-14.

[10] 杜志雄. 新农人引领中国农业转型的功能值得重视 [J]. 世界农业, 2015 (9): 248-250.

[11] 段文婷, 江光荣. 计划行为理论述评 [J]. 心理科学进展, 2008, 16 (2): 315-320.

[12] 范逢春, 姜晓萍. 农业转移人口市民化政策转型的多源流分析：构成、耦合及建议 [J]. 四川大学学报（哲学社会科学版）, 2015 (5): 17-25.

[13] 方健华. 中职学生职业核心素养评价及其标准体系建构研究[D/OL]. 南京：南京师范大学, 2014[2020-11-3]. https://kns.cnki.net/KCMS/detail/detail.aspx?dbcode=CDFD&dbname=CDFD1214&filename=1014349631.nh&v=MTIzMTk4ZVgxTHV4WVM3RGgxVDNxVHJXTTFGckNVUjd1ZlpPWnRGeTNtVTdyQVZGMjZHckM4RjlmUHJwRWJQSVI=.

[14] 付宇卓, 李翠超, 董德礼, 等工程服务中心：构建工程创新实践教育的支撑体系——上海交通大学国家双创示范基地案例分析[J]. 高等工程教育研究, 2018（6）：39-46.

[15] 顾基发, 唐锡晋, 朱正祥. 物理-事理-人理系统方法论综述[J]. 交通运输系统工程与信息, 2007（6）：51-60.

[16] 顾明远. 教育大辞典[M]. 上海：上海教育出版社, 1998.

[17] 郭艳平, 谭莹. 新农人成长的影响因素及政策路径[J]. 农业经济, 2016（4）：68-69.

[18] 郝杰, 吴爱华, 侯永峰. 美国创新创业教育体系的建设与启示[J]. 高等工程教育研究, 2016（2）：7-12.

[19] 胡家保. 创新驱动视域下构建高校创新创业教育生态圈[J]. 教育评论, 2018（3）：62-66.

[20] 胡守钧. 社会共生论[M]. 2版. 上海：复旦大学出版社, 2012.

[21] 胡思洋, 梁飞. 空心化、三土资本与乡村振兴[J]. 西安财经学院学报, 2019, 32（3）：52-59.

[22] 黄洁, 蔡根女, 买忆媛. 谁对返乡农民工创业机会识别更具影响力：强连带还是弱连带[J]. 农业技术经济, 2010（4）：28-35.

[23] 黄扬杰. 高校教师胜任力与创业教育绩效研究[J]. 高等教育研究, 2020, 41（1）：77-83.

[24] 姜雷, 张海. MOOC研究热点与发展趋势的知识图谱研究[J]. 中国远程教育, 2014（12）：35-40+95.

[25] 姜艳华, 李兆友. 多源流理论在我国公共政策研究中的应用述论[J]. 江苏社会科学, 2019（1）：114-121.

[26] 李飞标, 徐志玲. 高校创业教育三层次支撑体系的构建[J]. 继续教育研究, 2013（3）：82-84.

[27] 李红娟. 返乡农民工在乡村振兴中的作用[J]. 中国物价, 2019（6）：91-93.

[28] 李集城. 基于效率视角的创业教育质量评价体系研究［J］. 科技管理研究, 2012, 32 (15)：145－149.

[29] 李伟铭, 黎春燕, 杜晓华. 我国高校创业教育十年：演进、问题与体系建设［J］. 教育研究, 2013, 34 (6)：42－51.

[30] 李文钊. 多源流框架：探究模糊性对政策过程的影响［J］. 行政论坛, 2018, 25 (2)：88－99.

[31] 李远煦, 黄兆信, 钟卫东. 新生代农民工创业教育与公共政策选择［J］. 教育发展研究, 2011, 31 (21)：42－46.

[32] 李悦. 整合与困境：新农业背景下农民专业合作社研究［D/OL］. 长春：吉林大学, 2018［2020－11－3］. https：//kns. cnki. net/KCMS/detail/detail. aspx?dbcode＝CMFD&dbname＝CMFD201901&filename＝1018214164. nh&v＝MjkyNjZ1ZlpPWnRGeTNsVzdyT1ZGMjZGckc1R3RES3E1RWJQSVI4ZVgxTHV4WVM3RGgxVDNxVHJXTTFGckNVUjc＝.

[33] 李征. 高职院校创新创业教育绩效评估研究［J］. 职业教育研究, 2011 (4)：150－151.

[34] 刘美玉. 创业动机、创业资源与创业模式——基于新生代农民工创业的实证研究［J］. 宏观经济研究, 2013 (5)：62－70.

[35] 刘有升, 陈笃彬. 基于DEA的高校创业教育效率评价［J］. 中国石油大学学报（社会科学版）, 2017, 33 (2)：103－108.

[36] 卢洁莹. 职业教育概念界定［J］. 教育与职业, 2009 (2)：5－7.

[37] 卢娜. 高校创业教育的内涵及相关概念辨析［J］. 成人教育, 2011, 31 (1)：74－75.

[38] 马书燮. 现代教育技术与数学教学整合的剖析与探究［J］. 教育与职业, 2012 (3)：165－166.

[39] 孟超. 对大学生就业创业教育评价指标体系引入AHP的理论认知［J］. 辽宁工业大学学报（社会科学版）, 2018, 20 (2)：92－94.

[40] 孟莹. 美国大学生创业的外部支撑体系研究［D/OL］. 杭州：浙江大学, 2017［2020－11－3］. https：//kns. cnki. net/KCMS/detail/detail. aspx?dbcode＝CDFD&dbname＝CDFDLAST2018&filename＝1018141223. nh&v＝MTU4NjIxTHV4WVM3RGgxVDNxVHJXTTFGckNVUjd1ZlpPWnRGeTNtV3JyTFZGMjZGcks4U0RlQT3JKRWJQSVI4Wlg＝.

[41] 潘燕萍. 从"自上而下"向"创业本质"的回归——以日本的创新创业

教育为例[J]. 高教探索, 2016 (8): 49-55.

[42] 庞世佳, 蒋春洋, 高云. 日本高校创新创业教育的剖析与借鉴[J]. 高教学刊, 2015 (21): 12-13.

[43] 彭圆, 洪林. 双创教育的外部支撑体系: 七个发达国家的经验[J]. 教育学术月刊, 2019 (11): 26-32.

[44] 施丽红. 美国创业教育支撑体系的特点及启示[J]. 教育与职业, 2010 (5): 158-160.

[45] 史苏. 新生代农民工返乡创业的价值依归[J]. 人民论坛, 2020 (14): 82-83.

[46] 苏海泉, 王洋. 基于平衡计分卡的高校创业教育绩效考核[J]. 重庆高教研究, 2015, 3 (6): 33-39.

[47] 孙慧敏, 陈工孟. 全球创新创业教育研究报告[M]. 北京: 经济管理出版社, 2016.

[48] 孙永正. 管理学[M]. 北京: 清华大学出版社, 2007.

[49] 王春燕, 史晓鹤. 我国现代职业教育支撑体系模型的构建[J]. 国家教育行政学院学报, 2013 (8): 26-29.

[50] 王静岩. 中国农业剩余劳动力转移问题研究[D/OL]. 长春: 吉林大学, 2005 [2020-11-3]. https://kns.cnki.net/KCMS/detail/detail.aspx?dbcode=CMFD&dbname=CMFD0506&filename=2005109000.nh&v=MDI5MDdTN0RoMVQzcVRyV00xRnJDVVI3dWZaT1p0Rnkzb FZyL0tWMTI3RzdLNEY5SEx1NUViUElSOGVYMUx1eFk=.

[51] 王康. 日本大学创业教育研究与启示[J]. 创新创业理论研究与实践, 2019 (5): 1-3.

[52] 王琼花, 张业平, 秦风梅, 等. 美国创业教育体系构成和支撑分析及其对我国的启示[J]. 重庆师范大学学报(自然科学版), 2013, 30 (1): 117-122.

[53] 王荣祯. 推进政府购买服务 规范新型职业农民培育项目管理[J]. 农民科技培训, 2017 (9): 20-22.

[54] 王占仁, 常飒飒. 国际创业教育研究中的核心概念辨析——以"Enterprise"与"Entrepreneurship"语义、语用分析为中心[J]. 外国教育研究, 2015, 42 (6): 78-88.

[55] 王章豹, 李杨, 王育行. 高校创新创业教育内外部生态环境分析及优化策略[J]. 合肥工业大学学报(社会科学版), 2018, 32 (1):

111−118.

[56] 王志强, 代以平. 以色列创新创业教育生态系统的特征及其成功经验 [J]. 中国人民大学教育学刊, 2019 (1): 105−118.

[57] 王周焰, 王浣尘. 复杂适应系统 [J]. 科学学与科学技术管理, 2000, 21 (11): 50−52.

[58] 卫铁林. 基于 AHP 的高校毕业生就业质量评价模型构建 [J]. 教育与经济, 2013 (2): 43−47.

[59] 魏巍. 新农村建设背景下农民工返乡创业需求及对策探析 [J]. 农林经济, 2016 (8): 82−83.

[60] 文军, 蒋逸民. 质性研究概论 [M]. 北京: 北京大学出版社, 2010.

[61] 吴云. 社会价值与个人价值关系探析 [J]. 学术交流, 1998 (5): 3−5.

[62] 武冠蓉. 基于 DPSIR 模型的高校创业教育质量评价指标选取的研究 [J]. 山西高等学校社会科学学报, 2017, 29 (12): 81−83.

[63] 谢宇, 陈发祥. 基于 NVivo 的我国高校心理健康教育政策研究 [J]. 黑龙江高教研究, 2020, 38 (7): 145−149.

[64] 谢志远, 刘巍伟. 高校创业教育绩效评价体系的定量研究 [J]. 创新与创业教育, 2010, 1 (6): 3−8+13.

[65] 熊建辉, 臧日霞, 杜晓敏. 迈向全纳、公平、有质量的教育和全民终身学习——《教育 2030 行动框架》之具体目标和指示性策略 [J]. 世界教育信息, 2016, 29 (2): 18−27.

[66] 熊正德, 刘永辉. 效率测度方法 DEA 的研究进展与述评 [J]. 统计与决策, 2007 (20): 149−151.

[67] 徐小洲, 倪好, 吴静超. 创业教育国际发展趋势与我国创业教育观念转型 [J]. 中国高教研究, 2017 (4): 92−97.

[68] 徐英, 白华. 高校创新创业教育绩效评价研究 [J]. 创新与创业教育, 2014, 5 (2): 29−33.

[69] 徐振强. 德国"工业 4.0"科技园区创新创业生态体系研究——基于对柏林州 Adlershof 科技园的案例研究 [J]. 中国名城, 2015 (11): 38−49.

[70] 薛玉香, 黄文浩. 以投入产出比重新审视高校重点学科建设绩效评估 [J]. 中国高教研究, 2010 (4): 38−40.

[71] 杨博文. 社会系统概论 [M]. 北京: 石油工业出版社, 2006.

[72] 杨露. 建国以来中国共产党对农民问题的认识历程及其启示 [J]. 理论

导刊, 2013 (8): 73-75.

[73] 叶龙, 杨雨泽, 张莉. 基于系统动力学的高速铁路人力支撑体系的构建 [J]. 北京交通大学学报 (社会科学版). 2010 (4): 68-72+89.

[74] 殷雅竹, 李艺. 论教育绩效评价 [J]. 电化教育研究, 2002 (9): 20-24.

[75] 张红宇. 新农人: 农业供给侧结构性改革的先行者 [J]. 高管信息, 2016 (5): 10-12.

[76] 张军, 安月兴. 加强农民工创业教育培训研究 [J]. 当代经济管理, 2009 (8): 31-34.

[77] 张瑞晶, 贾鸿. 财政分权、地方政府财政竞争与公共教育效率——基于受限Tobit面板模型的实证分析 [J]. 兰州财经大学学报, 2019, 35 (1): 82-92.

[78] 张社梅, 王征兵, 陈遇春. 农民职业教育绩效评价研究 [J]. 中国农业教育, 2003 (5): 10-11+17.

[79] 张永安, 李晨光. 复杂适应系统应用领域研究展望 [J]. 管理评论, 2010, 22 (5): 121-128.

[80] 张玉利, 王晓文. 先前经验、学习风格与创业能力的实证研究 [J]. 管理科学, 2011, 24 (3): 1-12.

[81] 张远惠. 基于复杂系统理论的多项目资源管理模式——以某企业的信息化建设项目为例 [J]. 系统科学学报, 2015, 23 (4): 65-67+91.

[82] 赵爱清, 黄家辉. 金融危机背景下中国农民工的隐性失业问题 [J]. 农村经济, 2010 (6): 109-111.

[83] 赵峰. 高校创新创业教育发展研究——基于"驱动力-压力-状态-影响-响应"理论视角 [J]. 国家教育行政学院学报, 2018 (6): 69-74.

[84] 赵建华, 余纲正. 以色列创新创业教育: 体系、路径及特点 [J]. 创新与创业教育, 2018 (12): 83-88.

[85] 赵伦芬, 张克荣. 制度化与人性化相融合的高职学生管理机制 [J]. 教育与职业, 2017 (4): 68-71.

[86] 赵小峰, 陈宗兴, 霍学喜. 农林高等职业院校教育投入产出经济效益分析 [J]. 西北农林科技大学学报 (社会科学版), 2017, 17 (3): 136-142.

[87] 赵小峰. 涉农高等职业院校教育"投入—产出"效率研究 [D/OL]. 杨凌: 西北农林科技大学, 2018 [2020-11-3]. https://kns.cnki.net/

KCMS/detail/detail. aspx? dbcode = CDFD&dbname = CDFDLAST2019 &filename=1019810240. nh&v=MTIxODU3dTVIdFBJcjVFYlBJUjhlW DFMdXhZUzdEaDFUM3FUcldNMUZyQ1VSN3VmWk9adEZ5M25VTD NMVkYyNkY=.

[88] 周丽霞, 赵欢. 国内外高校创新创业教育发展比较研究 [J]. 创新创业理论研究与实践, 2019 (6): 4-6+19.

[89] 朱红根, 江慧珍, 康兰媛. 创业环境对农民创业绩效的影响: 基于DEA-Tobit模型的实证分析 [J]. 商业研究, 2015 (3): 112-118.

[90] 卓泽林, 任钰欣, 李梦花, 等. 创新创业教育绩效评价体系建构——基于全国596所高校的实证研究 [J]. 中国电化教育, 2020 (8): 48-54.

[91] Ajzen I. Perceived behavioral control, self-efficacy, locus of control, and the theory of planned behavior [J]. Journal of applied social psychology, 2002, 32 (4): 665-683.

[92] Cope J. Toward a dynamic learning perspective of entrepreneurship [J]. Entrepreneurship theory and practice, 2005, 29 (4): 373-97.

[93] Fayolle A, Gailly B. The impact of entrepreneurship education on entrepreneurial attitudes and intention: hysteresis and persistence [J]. Journal of small business management, 2015, 53 (1): 75-93.

[94] Fayolle A. Personal views on the future of entrepreneurship education [J]. Entrepreneurship & regional development, 2013, 25 (7-8): 692-701.

[95] Holland J H. Complex adaptive systems [J]. Daedalus, 1992, 121 (1): 17-30.

[96] Kloosterman R C. Matching opportunities with resources: a framework for analysing (migrant) entrepreneurship from a mixed embeddedness perspective [J]. Entrepreneurship and regional Development, 2010, 22 (1), 25-45.

[97] Lefebvre M R, Redien-Collot R. How to do things with words: the discursive dimension of experiential learning in entrepreneurial mentoring dyads [J]. Journal of small business management, 2013, 51 (3): 370-393.

[98] Leydesdorff L. The triple helix: an evolutionary model of innovations [J]. Research policy, 2000, 29 (2): 243-255.

[99] Man T W Y. Developing a behaviour-centred model of entrepreneurial learning [J]. Journal of small business & enterprise development, 2012, 19 (3): 549-566.

[100] Mccullagh P. Regression models for data [J]. Journal of the royal statistical society, 1980, 42 (2): 109-142.

[101] Raposo M, Do Paço A. Entrepreneurship education: relationship between education and entrepreneurial activity [J]. Psicothema, 2011, 23 (3): 453-457.

[102] Ronstadt, R. The corridor principal and entrepreneurial time [J]. Journal of business venturing, 1988, 3 (1), 31-40.

[103] Rosenbaum P R, Rubin D B. The central role the propensity score in observational studies for causal effects [J]. Biometrika, 1983, 70 (1): 41-55.

[104] Timmons J A. New Venture Creation [M]. Singapore: Mc-Graw-Hill, 1999: 457-459.

[105] Veciana J M, Aponte M, Urbano D. University students' attitudes towards entrepreneurship: a two countries comparison [J]. The international entrepreneurship and management journal, 2005, 1 (2): 165-182.

[106] William B G. A conceptual framework for describing the phenomenon of new venture creation [J]. Academy of management Review, 1985, 10 (4): 696-706.

附 录

附件1 农民工创业调查问卷（创业人员）

尊敬的先生（女士）：

您好！

我们是"农民工创业教育调查"课题组，我们正在进行关于农民工创业教育情况的调查。此次调查的目的在于收集农民工创业及创业教育的基本信息，了解农民工接受创业教育的意愿及影响因素。本次调查为匿名调查，收集的信息仅限于学术研究，请您按实际情况填写。

请在对应的选项前画"√"。

第一部分 受访者基本信息

1. 您的性别：
   A. 男　　　　　　　　B. 女
2. 您的年龄：
   A. 20岁以下　　　　　B. 21～30岁　　　　　C. 31～40岁
   D. 41～50岁　　　　　E. 50岁以上
3. 您的文化程度是：
   A. 小学及以下　　　　B. 初中　　　　　　　C. 技校（职高）
   D. 高中　　　　　　　E. 大专　　　　　　　F. 本科及以上
4. 您目前的年收入处于：
   A. 2万元以下　　　　　B. 2万～5万元　　　　C. 6万～8万元
   D. 9万～12万元　　　　E. 12万元以上
5. 请在您曾经工作的省（区、市）空格内填1；
   请在您家乡所在的省（区、市）空格内填2。

北京	天津	上海	重庆	河北	山西	辽宁	吉林	新疆	广西	西藏
江苏	浙江	安徽	福建	江西	山东	河南	湖北	湖南	宁夏	广东
海南	四川	贵州	云南	陕西	甘肃	青海	内蒙古	黑龙江		

6. 您曾外出务工的时间：

　　A. 2年以下　　　　　　　　　　　　B. 2~5年

　　C. 6~10年　　　　　　　　　　　　D. 10年以上

7. 您务工期间从事的行业是（可多选）：

　　A. 农业、畜牧业、林业、渔业等

　　B. 制造业（电子、机械、纺织、家具、加工等）

　　C. 商业（超市批发、零售摆摊、其他销售等）

　　D. 服务业（餐饮、娱乐、广告、家政、代理等）

　　E. 建筑建材业（装修、建材、施工等）

　　F. 运输业（货物运输、快递等）

　　G. 手工业（工艺品制作等）

　　H. 其他＿＿＿＿＿＿＿＿

8. 外出务工后您提升了哪些技能和素质（可多选）：

　　A. 掌握专业技术　　　B. 操作特殊工具　　　C. 懂管理

　　D. 会销售　　　　　　E. 能吃苦　　　　　　F. 创新意识

　　G. 冒险精神

第二部分　创业及创业意愿调查

1. 您进行创业（或计划创业）的主要动机是（多选）：

　　A. 实现自身价值　　　B. 物质追求　　　　　C. 就业压力

　　D. 兴趣爱好　　　　　E. 合作者邀请　　　　F. 国家政策驱动

　　G. 其他

2. 您创业的行业是：

　　A. 农业、畜牧业、林业、渔业等

　　B. 制造业（电子、机械、食品、纺织、家具、加工等）

C. 商业（超市批发、零售摆摊、其他销售等）

D. 服务业（餐饮、娱乐、广告、家政、代理等）

E. 建筑建材业（装修、建材、施工等）

F. 运输业（货物运输、载人三轮、快递等）

G. 手工业（工艺品制作等）

H. 其他_____

3. 您的创业地和务工地是：

A. 不同的省（跨省）

B. 在同一个省（自治区、直辖市）（省内）

C. 在同一个市、州（市内）

D. 在同一个县（省内）

4. 创业行业与您务工所从事行业的关联性：

A. 是同一行业　　　B. 有关联　　　C. 说不准

D. 没有关联性　　　E. 毫不相关

5. 您的创业领域和您的兴趣爱好有关系吗？

A. 非常有关系　　　B. 有关系　　　C. 说不准

D. 没关系　　　　　E. 毫不相关

6. 您掌握的技能、具备的素质或素养能满足创业需要吗？

A. 能满足　　　B. 不能满足

不能满足的话，您希望通过哪些渠道或方法弥补这些不足呢？

A. 自我学习、摸索完善　　　　B. 寻求合作者，请人帮忙

C. 参加教育培训　　　　　　　D. 向能者请教

7. 您希望自己在哪些方面的技能、能力得到提升？

A. 沟通交际能力　　B. 领导管理能力　　C. 技术水平

D. 市场拓展能力　　E. 财务管理能力

8. 创业过程中您遇到的主要困难是什么？（可多选）

A. 缺资金　　　B. 缺技术　　　C. 缺管理

D. 缺人手　　　E. 没市场　　　F. 政府支持力度不够

G. 其他_____

9. 创业过程中您希望从政府获得哪些支持？（限选两项）

A. 资金支持　　　B. 技术支持　　　C. 销售支持

D. 场地支持　　　E. 教育培训　　　F. 其他_____

10. 您对农民工创业的支持及优惠政策的了解程度：

A. 非常了解　　　　B. 了解　　　　　　C. 说不准
D. 不了解　　　　　E. 非常不了解

第三部分　创业教育意愿及影响因素

1. 创业需要专业的知识和技能：
   A. 非常不同意　　B. 不同意　　　　C. 说不准
   D. 同意　　　　　E. 非常同意
2. 参加创业教育或培训有助于您创业成功：
   A. 非常不同意　　B. 不同意　　　　C. 说不准
   D. 同意　　　　　E. 非常同意
3. 创业过程中，您是否愿意参与创业教育培训？
   A. 愿意　　　　　C. 说不准　　　　B. 不愿意

（1）若不愿意，主要原因是（可多选）：
   A. 培训费用太高
   B. 没有时间参加培训
   C. 创业培训缺乏针对性
   D. 创业培训不能解决实际问题
   E. 培训中的专业知识难以理解
   F. 其他_____

（2）若愿意，主要原因是（可多选）：
   A. 通过培训能获得更多市场信息
   B. 通过培训能提升技术水平
   C. 通过培训能获得创业经验
   D. 通过培训能提升管理水平
   E. 通过培训交流广结人脉
   F. 其他_____

（3）若愿意，您希望接受哪方面的创业教育？（限选三个）
   A. 品牌推广　　　　B. 专业技能　　　　C. 市场营销
   D. 生产管理　　　　E. 融资、财务　　　F. 商业模式
   G. 政策解读　　　　H. 法律咨询　　　　I. 危机管理、公共关系
   J. 其他_____

（4）若愿意，您希望参与哪种形式的创业教育/培训（可多选）：
   A. 农民/市民夜校　　　　　　　　B. 网络在线教育

C. 短期集中培训　　　　　　　　　D. 周末专题培训

E. 研讨会/交流会

4. 如果您参加过创业教育（培训），请在对应的空格内画"√"：

	非常不同意	不同意	说不准	同意	非常同意
我对创业教育（培训）环境满意					
我对创业教育（培训）师资配备满意					
我对创业教育（培训）内容感到满意					
培训丰富了我的创业知识					
培训让我有了创新思维					
参加培训后，我的创业能力有了显著提升					
参加培训后，我对自己能创业成功的信心大增					

关于创业教育，您还哪些意见或建议：

_____

_____

附件2　农民工创业调查问卷（务工人员）

尊敬的先生（女士）：

您好！

我们是"农民工创业教育调查"课题组，我们正在进行关于农民工创业教育情况的调查。此次调查的目的在于收集农民工创业及创业教育的基本信息，了解农民工接受创业教育的意愿及影响因素。本次调查为匿名调查，收集的信息仅限于学术研究，请您按实际情况填写。

请在对应的选项前画"√"。

第一部分　受访者基本信息

1. 您的性别：

A. 男　　　　　　　　B. 女

2. 您的年龄：

A. 20 岁以下 B. 21~30 岁 C. 31~40 岁

D. 41~50 岁 E. 50 岁以上

3. 您的文化程度是：

A. 小学及以下 B. 初中 C. 技校（职高）

D. 高中 E. 大专 F. 本科及以上

4. 您目前的年收入：

A. 2 万元以下 B. 2 万~5 万元 C. 6 万~8 万元

D. 9 万~12 万元 E. 12 万元以上

5. 请在您目前打工的省（区、市）空格内填1；

请在您曾经务工的省（区、市）空格内填2；

请在您家乡所在省（区、市）空格内地填3。

北京	天津	上海	重庆	河北	山西	辽宁	吉林	新疆	广西	西藏
江苏	浙江	安徽	福建	江西	山东	河南	湖北	湖南	宁夏	广东
海南	四川	贵州	云南	陕西	甘肃	青海	内蒙古	黑龙江		

6. 您外出务工的时间：

A. 2 年以下 B. 2~5 年

C. 6~10 年 D. 10 年以上

7. 您当前（曾经）务工从事的行业（可多选）：

A. 农业、畜牧业、林业、渔业等

B. 制造业（电子、机械、纺织、家具、加工等）

C. 商业（超市批发、零售摆摊、其他销售等）

D. 服务业（餐饮、娱乐、广告、家政、代理等）

E. 建筑建材业（装修、建材、施工等）

F. 运输业（货物运输、快递等）

G. 手工业（工艺品制作等）

H. 其他_____

8. 外出务工后您提升了哪些技能和素质（可多选）：

A. 掌握专业技术　　B. 操作特殊工具　　C. 懂管理

D. 会销售　　　　　E. 能吃苦　　　　　F. 创新意识

G. 冒险精神

第二部分　创业及创业意愿调查

1. 您有创业的打算吗？

    A. 有　　　　　　　　　　　　　　B. 没有

（1）如果没有，原因是（可多选）：

    A. 满意目前的工作　　　　　　　　B. 缺乏资金

    C. 缺少人脉　　　　　　　　　　　D. 缺技术

    E. 难以承担创业失败的风险

    F. 亲戚朋友反对　　　　　　　　　G. 没有合适的创业项目

    H. 难以组建创业团队　　　　　　　I. 缺乏社会支持

    J. 其他_____

（2）如果有创业打算，请回答如下问题（从①至⑧）：

①您的创业地将在：

    A. 家乡

    B. 务工地

    C. 其他地方

②您计划的创业行业是：

    A. 农业、畜牧业、林业、渔业等

    B. 制造业（电子、机械、纺织、家具、加工等）

    C. 商业（超市批发、零售摆摊、其他销售等）

    D. 服务业（餐饮、娱乐、广告、家政、代理等）

    E. 建筑建材业（装修、建材、施工等）

    F. 运输业（货物运输、快递等）

    G. 手工业（工艺品制作等）

    H. 其他_____

③您的创业行业与务工期间所从事行业关联吗？

    A. 是同一行业　　B. 有关联　　　　C. 说不准

    D. 没有关联性　　E. 毫不相关

④您的创业领域和您的兴趣爱好有关系吗？

    A. 非常有关系　　B. 有关系　　　　C. 说不准

D. 没关系 E. 毫不相关

⑤您掌握的技能、具备的素质或素养能满足创业需要吗？

A. 能满足 B. 不能满足

不能满足的话，您希望通过哪些渠道或方法弥补这些不足呢？

A. 自我学习、摸索完善 B. 寻求合作者，请人帮忙

C. 参加教育培训 D. 向能者请教

⑥您希望自己在哪些方面的技能、能力得到提升？

A. 沟通交际能力 B. 领导管理能力

C. 技术水平 D. 市场拓展能力

E. 财务管理能力

⑦当前阻碍您创业的主要困难是什么？（可多选）

A. 缺资金 B. 缺技术 C. 缺管理

D. 缺人手 E. 没市场 F. 政府支持力度不够

G. 其他_____

⑧创业过程中您希望从政府获得哪些支持？（限选两项）

A. 资金支持 B. 技术支持 C. 销售支持

D. 场地支持 E. 教育培训 F. 其他_____

2. 您对农民工创业的支持及优惠政策的了解程度：

A. 非常了解 B. 了解 C. 说不准

D. 不了解 E. 非常不了解

3. 创业需要专业的知识和技能：

A. 非常不同意 B. 不同意 C. 说不准

D. 同意 E. 非常同意

4. 参加创业教育或培训有助于创业成功：

A. 非常不同意 B. 不同意 C. 说不准

D. 同意 E. 非常同意

5. 若您有创业打算的话，您是否愿意参与创业教育培训？

A. 愿意 C. 说不准 B. 不愿意

（1）若不愿意，主要原因是（可多选）：

A. 培训费用太高

B. 没有时间参加培训

C. 创业培训缺乏针对性

D. 创业培训不能解决实际问题

E. 培训中的专业知识难以理解

F. 其他_____

（2）若愿意，主要原因是（可多选）：

A. 通过培训能获得更多市场信息

B. 通过培训能提升技术水平

C. 通过培训能获得创业经验

D. 通过培训能提升管理水平

E. 通过培训交流广结人脉

F. 其他_____

（3）若愿意，您希望接受哪方面的创业教育？（限选三个）

A. 品牌推广	B. 专业技能	C. 市场营销
D. 生产管理	E. 融资、财务	F. 商业模式
G. 政策解读	H. 法律咨询	I. 危机管理、公共关系

J. 其他_____

（4）若愿意，您希望参与哪种形式的创业教育/培训（可多选）：

A. 农民/市民夜校	B. 网络在线教育
C. 短期集中培训	D. 周末专题培训

E. 研讨会/交流会

关于农民工创业或创业教育，您还有哪些意见或建议：

_____

_____

附件3 农民工创业教育访谈提纲

访谈说明：

1. 请结合您的切身感受，对下列问题做第一反应回答，会使得访谈结果更加科学；

2. 访谈人员会为您解释有关条目，并记录您的答案；

3. 在您的专业领域，访谈者会进行深入了解，不会涉及敏感性话题；

4. 总时间控制在60分钟左右。

访谈提纲：

1. 外出打工与家乡务工比较感受如何？
2. 您对创业是怎么理解的？
3. 促使您创业的因素有哪些？
4. 创业过程中存在的主要困难有哪些？最后是如何渡过难关的？
5. 过去的教育和成长经历对创业有何影响？
6. 在创业过程中发现自身还有哪些不足？如何弥补这些不足？
7. 如何看待理论和实践的关系？
8. 如何看待创业教育？
9. 参加创业教育的原因是什么？
10. 参加创业教育（创业培训）后的收获及感受有哪些？有没有达到预期目标？
11. 结合自身的创业经历，想对参加创业教育的同仁给出哪些建议呢？
12. 你理想中的创业教育培训是什么样子的？